本书由山东省自然科学基金资助项目"数据驱动下山东省化工园区风险监测预警研究：模型和方法"(项目编号：ZR2020MG052)支持，系该项目的阶段性研究成果

青岛科技大学经济与管理学院化工特色系列丛书

# 数据驱动下化工园区风险监测预警研究

Research on Risk Monitoring and Early
Warning of Chemical Industry Parks Driven by Data

王玉梅　高鑫坤　刘志国 / 著

经济管理出版社
ECONOMY & MANAGEMENT PUBLISHING HOUSE

### 图书在版编目（CIP）数据

数据驱动下化工园区风险监测预警研究/王玉梅，高鑫坤，刘志国著. —北京：经济管理出版社，2023.8

ISBN 978-7-5096-9365-0

Ⅰ.①数… Ⅱ.①王… ②高… ③刘… Ⅲ.①化学工业—工业园区—风险管理—研究 Ⅳ.①F407.7

中国国家版本馆 CIP 数据核字（2023）第 215328 号

组稿编辑：王　洋
责任编辑：王　洋
责任印制：许　艳
责任校对：王淑卿

出版发行：经济管理出版社
（北京市海淀区北蜂窝 8 号中雅大厦 A 座 11 层　100038）
网　　址：www.E-mp.com.cn
电　　话：（010）51915602
印　　刷：北京晨旭印刷厂
经　　销：新华书店
开　　本：720mm×1000mm/16
印　　张：14.25
字　　数：211 千字
版　　次：2023 年 8 月第 1 版　2023 年 8 月第 1 次印刷
书　　号：ISBN 978-7-5096-9365-0
定　　价：98.00 元

·版权所有　翻印必究·

凡购本社图书，如有印装错误，由本社发行部负责调换。

联系地址：北京市海淀区北蜂窝 8 号中雅大厦 11 层

电　　话：（010）68022974　邮编：100038

# 前　言

面对越发严峻的园区安全管理问题，如何提升园区风险防控能力成为化工企业必须解决的发展难题。在智能制造大背景下，信息管理平台可以使内部基础设施、危险物品和人相互联系，实现重大危险源和风险点的可监测、可预警和可防控，建设具备风险监测、分析预警和应急响应能力的有机整体，帮助管理者实时高效、精确全面地获取园区风险信息，实现风险监测预警的自动化和智能化管理，提升园区综合管控水平。由此可见，利用智能化手段实现工业互联网与风险管理的深度融合成为园区转型升级和发展的必然选择，但是现阶段学术界关于大数据技术与风险监测预警理论深度融合领域研究少之又少。

首先，本书基于大数据驱动视角，依据系统动力学原理明确风险性态演变流程及各要素作用机理模型，提炼风险关联要素建立化工园区风险监测预警指标体系；其次，针对大数据驱动下存在的监测指标多样性、内部机理复杂性、信息来源广泛、数据质量各异等特点，利用证据折扣方法对指标要素的重要性和可靠性进行折扣处理，借鉴模糊数学、信息融合等相关理论构建基本信任分配函数，在此基础上构建适用于解决园区风险综合评价的多源异构融合模型，解决风险指标层次化融合过程中可能遇到的融合问题；再次，运用模糊综合评价模型和灰色预测模型解决园区风险评价及预测问题，实现对大数据驱动下化工园区风险的科学评价；最后，以东营港经济开发区化工园区为例对我国化工园区风险监测预警展开案例研究，根据模型评价结果，参考预先设定风险警限进行等级划分，确定化工园区风险等级，并针对指标预警风险程度制定防范措施，有效降低园区事故发生概率，进而实现化工园区的本质安全。

# 目 录

第一章 绪论 ························································· 1

  第一节 研究背景 ··················································· 3
  第二节 研究意义 ··················································· 7
    一、理论价值 ···················································· 7
    二、实际应用价值 ················································ 8
  第三节 研究现状 ··················································· 9
    一、风险监测研究现状 ············································ 9
    二、风险预警研究现状 ··········································· 14
    三、数据驱动下化工园区风险监测预警应用研究 ····················· 16
    四、决策分析方法 ··············································· 18
    五、文献评述 ··················································· 20
  第四节 研究内容和思路 ············································ 21
    一、主要研究内容 ··············································· 21
    二、研究方法 ··················································· 23
  第五节 研究创新 ·················································· 25

## 第二章　化工园区风险监测预警理论分析……27

### 第一节　风险相关理论基础……29
　　一、风险……29
　　二、安全……29
　　三、危险源……29
　　四、隐患……30
　　五、事故……30

### 第二节　化工园区相关理论基础……30
　　一、化工园区特征……31
　　二、化工园区风险类型……33
　　三、化工园区风险特征……34
　　四、化工园区风险成因……35

### 第三节　化工园区风险监测与预警理论基础……37
　　一、化工园区风险监测概念、方法及功能分析……37
　　二、化工园区风险预警概念、方法及功能分析……39

### 第四节　山东省化工园区风险监测预警现状分析……44
　　一、山东省化工园区风险监测预警发展现状……44
　　二、山东省化工园区风险监测预警体系发展问题……46

### 第五节　大数据驱动下化工园区风险监测预警体系……48
　　一、大数据驱动理论基础……48
　　二、基于大数据驱动的方法与模型……48
　　三、基于大数据驱动的风险监测预警流程……50
　　四、大数据驱动下化工园区风险监测预警体系架构……51

### 本章小结……52

## 第三章　大数据驱动下化工园区风险监测预警系统机理研究 ………… 53

### 第一节　模型边界及假设 ……………………………………… 55
一、确定边界 ………………………………………………… 55
二、模型假设 ………………………………………………… 55

### 第二节　大数据驱动下化工园区风险影响因素分析及模型构建 …… 56
一、大数据驱动下化工园区环境风险影响因素
　　分析及模型构建 ……………………………………… 56
二、大数据驱动下化工园区企业风险状况影响因素
　　分析及模型构建 ……………………………………… 59
三、大数据驱动下化工园区管理风险状况影响因素
　　分析及模型构建 ……………………………………… 61

### 第三节　系统动力学流图确定 ………………………………… 63
本章小结 …………………………………………………………… 65

## 第四章　化工园区风险监测预警指标体系构建 ………………………… 67

### 第一节　化工园区风险监测预警指标体系构建原则 …………… 69
一、动态性 …………………………………………………… 69
二、系统性 …………………………………………………… 69
三、独立性 …………………………………………………… 69
四、定性定量相结合 ………………………………………… 70

### 第二节　化工园区风险监测预警指标体系构建 ………………… 70
一、化工园区环境状况指标的选取 ………………………… 71
二、化工园区风险特征指标的选取 ………………………… 73
三、化工园区管理能力指标的选取 ………………………… 76
四、化工园区风险水平评价指标体系 ……………………… 80

本章小结 ················································································ 82

## 第五章　大数据驱动下化工园区风险监测预警模型建立 ············ 83

### 第一节　大数据驱动下化工园区风险监测预警数据转换方法 ········· 85
一、风险监测数据的多源异构性分析 ·········································· 85
二、风险监测数据的不确定性分析 ············································· 87
三、基本信任分配函数转换方法 ················································ 88

### 第二节　层次分析法确定指标权重 ················································ 90
一、层次分析法基本理论 ··························································· 91
二、AHP 算法步骤 ···································································· 92

### 第三节　证据折扣方法 ·································································· 96

### 第四节　多源异构融合模型 ··························································· 96
一、化工园区风险综合评价问题界定 ·········································· 96
二、化工园区风险监测预警综合评价类型划分 ··························· 97
三、单指标—单信源融合模型 ···················································· 98
四、多指标—单信源融合模型 ···················································· 99
五、单指标—多信源融合模型 ···················································· 99
六、多指标—多信源融合模型 ···················································· 100

### 第五节　模糊综合评价法 ······························································ 101
一、模糊综合评价法基本介绍 ···················································· 101
二、模糊综合评价法模型构建步骤 ············································· 101

### 第六节　灰色预测模型 ·································································· 102
一、灰色预测模型介绍 ······························································· 102
二、灰色系统预测模型步骤 ······················································· 103
三、化工园区风险预警等级的标准界定 ······································ 104

本章小结 ················································································ 105

## 第六章 大数据驱动下山东省化工园区风险监测预警案例研究 …………… 107

### 第一节 基本概况 …………………………………………………… 109
一、化工园区简介 …………………………………………… 109
二、化工园区重大危险源 …………………………………… 110
三、化工园区事故类型 ……………………………………… 111

### 第二节 风险指标权重计算 ………………………………………… 112
一、一级指标权重 …………………………………………… 112
二、二级指标权重 …………………………………………… 113
三、三级指标权重 …………………………………………… 114
四、化工园区风险指标评价权重结果 ……………………… 118

### 第三节 化工园区风险值计算 ……………………………………… 121
一、定量指标风险评价 ……………………………………… 121
二、定性指标风险评价 ……………………………………… 150

### 第四节 大数据驱动下化工园区风险模糊综合评价模型的应用 … 156
一、模糊综合评价集的确定 ………………………………… 156
二、单因素隶属度的确定 …………………………………… 157
三、多级模糊评价矩阵的计算 ……………………………… 158
四、化工园区综合风险评价隶属度分析 …………………… 164

### 第五节 基于灰色预测模型的化工园区风险预警 ………………… 165
一、化工园区风险灰色预测模型 …………………………… 165
二、灰色预测模型结果分析 ………………………………… 167

### 本章小结 …………………………………………………………… 172

## 第七章 化工园区风险分析及防范措施 ………………………………… 173

### 第一节 巨警风险 …………………………………………………… 175

一、风险分析 ······················································· 175
　　二、风险防范措施 ················································· 176
 第二节　重警风险 ······················································· 176
　　一、风险分析 ······················································· 177
　　二、风险防范措施 ················································· 178
 第三节　中警风险 ······················································· 179
　　一、风险分析 ······················································· 179
　　二、风险防范措施 ················································· 183
 第四节　轻警风险 ······················································· 188
　　一、风险分析 ······················································· 189
　　二、风险防范措施 ················································· 189
 第五节　无警风险 ······················································· 190
　　一、风险分析 ······················································· 191
　　二、风险防范措施 ················································· 192
 本章小结 ···································································· 193

# 第八章　结论 ······························································ 195

# 参考文献 ····································································· 199

# 附　录 ········································································ 209

 附录1　大数据驱动下山东省化工园区风险监测预警（AHP部分）
　　　　调查问卷 ························································· 209
 附录2　化工园区风险要素评价调查问卷 ······················· 214

# 第一章

## 绪论

# 第一章 绪论

## 第一节 研究背景

产业集聚既是推动区域经济增长的重要方式,也是工业化过程中的普遍现象,更是工业高效发展的重要模式。由于产业集聚对竞争力的提升有明显作用,发达国家在工业化过程中形成了许多著名的工业园区,工业园区推动了生产要素的集聚和产业升级,发挥了规模效益,降低了管理成本,对推动经济、社会和环境协调发展起到了重要作用。据联合国环境规划署的数据显示,20 世纪末全球工业园区的数量已经超过 2 万个。作为工业园区的重要形式,我国化工园区建设始于 20 世纪 90 年代中期,化工园区在促进化工行业持续发展的同时,也实现了资源配置的合理优化。进入 21 世纪以来,随着我国经济的快速发展,对成品油和化学品的需求更加旺盛,化工园区得到了进一步发展。截止到 2018 年底,已建成 639 个工业区,全部都是重点化工园区,并以石油化工为主导。化工企业加入化工园区达到 52%左右。2018 年中国石化联合会化工园区工作委员会发布的 30 强化工园区,2017 年实现销售收入 2.36 万亿元,占全国化工产业销售收入的 17.1%。其中前 10 强实现了销售收入 1.14 万亿元,利润 1242 亿元,都是产值达到千亿元的园区。在"十三五"期间,中央又确定了大连长兴岛、河北曹妃甸、江苏连云港、上海漕泾、福建古雷、浙江宁波(含舟山拓展区)、广东惠州七大石油化工产业基地和宁夏宁东、陕西榆林、新疆准东、内蒙古鄂尔多斯四大新型煤化工产业集聚区建设。化工园区的发展顺应了工业生产大型化的趋势,数量逐渐增多,已成为我国化学工业的主要发展模式。

由于信息技术的迅速发展,移动互联网—物联网技术、新一代人工智能、云计算技术、大数据技术、智能智造等新技术已向国民经济各部门和社会生活各方面渗透，世界正在进入第四次工业革命时代。化学工业在转型升级中步入高质量发展阶段。在此形势下，国务院办公厅发布的《关于石化产业调结构促转型增效益的指导意见》明确提出，全面启动城镇人口密集区和环境敏感区域的危化品生产企业搬迁入园或转产关闭工作。新建化工项目全部进入化工园区，形成一批具有国际竞争力的大型企业集团和化工园区。但由于化工园区具有危险源众多、园区内企业风险互相关联、多米诺骨牌效应发生概率较高等特点，化工园区风险问题也越来越突出，化工园区在推动经济发展的同时也带来了一些隐患，包括重大爆炸、泄漏和火灾事故。事故一旦发生，将会对生态环境、城市公共生产安全以及园区附近的生命安全带来非常严重的后果，"十三五"以来，我国化工园区进入了提质增效建设的新阶段，国务院"十三五"规划任务中明确提出规范化工园区建设的要求：开展化工园区和涉及危化品重大风险功能区区域定量风险预测、评估，科学确定区域风险等级和风险容量。因此，进行风险监测预警，采取相应的监管，主动降低风险，是我国化工园区发展过程中迫切需要解决的问题。

我国化工园区风险监管工作开展时间不长，正处于发展阶段，实际工作中还存有不确定性和人为因素的干扰，政府的监管缺少规范的标准和统一尺度，影响了化工园区在风险监测和监管中的统一性、科学性、规范性。同时，化工园区产业规模的扩大也会加大不安全因素，进而风险因素的不确定性和复杂性也随之增加。传统风险监控手段存在许多的弊端，如主观因素太大，信息滞后不前，覆盖面太小、太窄，监测预警指标多样，数据质量各异等问题。因此，对化工园区风险监测预警并非易事。现有的化工园区风险管理理论尚处于摸索阶段，很多研究和方法需进一步梳理。一是虽然已有学者对化工园区风险相关问题进行了研究，但目前仍存在着监测指标体系不健全、缺少综合集成方法、未考虑动态趋势预警、只适用于最简单情形等诸多问题，现有成果对科学解决化工园区风险监测预警问题尚存在较大差距。二是化工园区系统内人与资源、环境、生态、管理等多重要素之间相互作用后产生的风险因素，决定了在对化工园区风险进行科学评价及监测预警时需要充分考虑各要素之间的复杂作用机理。化工园区风险量化问题仍是其风险管理中的难点和焦点，也是该领域的前沿问题，风险预警模型仍存在准确性较低，算法传统、单一的问题。三是监测预警数据来源多样且结构不同，既可能来自于人工统计数据（如年鉴、调查等），也可能来自于机器观测数据（如遥感、传感器等），并且受环境、探测手段等因素的影响，各类数据并非都是完全确定的、同等重要的、绝对可靠的，从而造成了在融合监测数据、计算化工园区风险时需要同时考虑多种因素的综合作用。基于此，本书以"化工园区风险"为研究对象，针对数据驱动下存在的监测指标多样、内部机理复杂、信息来源广泛、数据质量各异等特点，提出了"数据驱动下我国化工园区风险监测预警研究：模型和方法"的选题。

山东省作为我国重要的化学工业生产基地，化工产品种类繁多，国家重点统计的化工产品均有分布，综合经济效益长期居全国首位。但是，早期无规划的粗放式发展，使山东省化工产业整体呈现小微化和零散化布局，企业各自为营，独立发展，"小散乱"的发展模式早已不适应现代化工产业发展潮流。为了实现化工产业的绿色健康发展，山东省政府及化工企业开始探索产业转型升级道路，在相关政策法规引导下，山东省成为较早启动化工企业搬迁入园计划的地区，各地化工园区蓬勃兴起，助推山东省由化工大省向化工强省转变。

化工园区的出现满足了各类经济体发展对化工产品的需求，园区化发展有助于发挥企业集聚的积极作用，提升化工产业整体竞争能力。首先，企业集聚实现了化工产品和原料的合理配置，通过整合产业链建立上下游企业的产品关联网络，降低运输成本的同时优化资源利用方式，从而提升园区综合效益；其次，通过共享园区基础设施、公共服务及应急设施降低企业生产运营成本，这也是园区化发展优势的最直接体现；再次，企业入园还有利于"三废"问题的集中处理及安全监管，构建化工园区风险监测预警体系以提升企业安全水平；最后，化工企业搬迁入园符合城市整体安全规划需求，有利于加强化工企业的集中管理，促进整体产业的安全发展，化学工业园区化已成为现代化学工业发展的重要载体。

但是山东省化工园区早期无规划发展却给企业带来了巨大的安全隐患，环境污染、安全事故等问题始终困扰着产业发展。化学品易燃、易爆及毒害等危险性质决定了安全事故一旦发生，将对生态环境、城市公共安全造成灾难性后果，难以在短时期内恢复，因此园区安全问题成为化工行业无法回避的发展难题。

现阶段，国家和地方政府高度重视山东省智慧化工园区发展建设，"十四五"规划中提出工业发展由标准化向高质量转变，着眼提升园区本质安全度，把防范系统性风险作为园区发展的重要任务。现代信息技术发展推动化工园区安全管理数字化转型，建立危化品实时监测预警系统成为可能，全面提升园区安全监管效能。因此，将现代信息技术融入风险监测预警系统建设，利用大数据及自动化技术构建监测、评估、预警、应急等综合化的智慧园区安全监管系统，借助信息手段打破园区原有信息孤岛状态，实时完成风险监测数据的交换和共享，实现园区安全监控、自动预警，主动降低风险成为我国化工园区发展过程中迫切需要解决的问题。

由此可见，大数据驱动下的信息管理决策将更多地应用于化工园区风险监测预警领域，利用智能化手段替代传统人工监测模式，实现监管方式由被动转向主动；同时实时监测风险动态数据，通过多方渠道获取多层次、多维度的风险信息，实现监测信息碎片化向系统集成的转型；另外构建多维度、多层次的风险监测预警系统，实现园区风险信息的全方位统计分析和可视化展示，并通过安全生产动态监管、重大危险源分类管理以及双重预防机制建设等手段，显著提高园区安全生产管理水平。

## 第二节 研究意义

### 一、理论价值

现阶段,关于大数据与风险监测预警融合发展领域研究尚未形成完善的理论体系,已有研究仍停留在传统的风险监测预警模式,且监测预警指标体系不健全、缺少综合集成方法、未考虑动态趋势预警、仅适用于最简单情形。

(1) 本书借鉴相关理论研究,在实地调研结果基础上,构建大数据驱动下化工园区风险监测预警体系模型和方法,符合从定性到定量、从单项到综合、从静态到动态的理论研究发展趋势。

(2) 本书提出的模型与方法可以开发成化工园区风险监测预警决策系统、平台,一方面可以辅助化工园区经营开展科学决策与管理;另一方面也有利于各层管理部门对管辖区域内的化工园区风险状态进行监督和管理。

(3) 本书的研究能够为化工园区开展科学决策提供模型方法支持。本书拟通过借鉴发展多属性决策、群体决策、信息融合决策的最新交叉融合方法,提出数据驱动下我国化工园区风险监测预警的模型和方法,不仅符合从定性到定量、从单项到综合、从静态到动态的发展态势,而且还能够克服化工园区风险监测预警指标体系不健全、缺少综合集成方法、未考虑动态趋势预警、仅适用最简单情形等缺陷。基于研究提出的模型和方法,既能对化工园区风险进行监测评价,又能对其发展变化进行趋势预警。监测评价与趋势预警的结果是进行化工园区管理和决策的重要依据。本书提出的模型与方法可以开发成化工园区风险监测预警决策系统/平台,一方面可以辅助化工园区开展科学决策与管理,另一方面也有利于各层管理部门对管辖区域内的化工园区风险状态进行监督和管理。

**二、实际应用价值**

化工园区作为现代化工产业发展的主要模式，通过产业集聚实现资源合理配置以及集约化可持续发展，但是产业集聚导致化工企业相互影响、风险叠加，对园区安全生产提出更高要求。基于大数据驱动技术构建风险监测预警系统，助推园区风险管理系统化、智能化转型，对于园区实现危化品科学管理、增强企业本质安全性具有重要意义，基于本书的研究成果，具备以下实际应用价值：

（1）基于大数据驱动的智慧园区建设是现代信息技术与风险管理理论深度融合的产物，借助传感器和物联网等技术构建风险集中管控系统，建设具备快速反应能力的安全管理有机整体，实时、全面获取企业生产运行数据，增强园区整体安全性。

（2）大数据驱动的风险监测预警系统借助智能化手段提升企业安全监管信息化水平，克服传统模式下生产管理基础薄弱的缺陷，依托企业安全生产、污染物治理、应急预案等日常数据与园区实时监控信息相结合实现风险可视化，帮助园区经营者开展科学管理和决策，提高园区风险防控能力，保证化工园区持续健康发展。

（3）山东省安全管理部门通过接入化工园区危化品监督管理平台，对管理区域内化工园区风险程度、生态系统的健康程序等指标进行监管和跟踪，据此建立对化工园区进行管理的政策和措施，规范经营者的生产行为，在保护环境有限的前提下提高经济效益和社会效益。

（4）本书的研究能够践行国家"数字"化工建设的战略布局规划。化工园区作为化工产业的重要载体，科学地对其风险进行监测、预警及监管可以加快实施中国化工园区的可持续发展以及数字化工、生态化工战略，加快推进发展质量、效率和动力三大变革，实现化工产业的"十三五"规划发展目标。基于本书的研究成果,一方面化工园区经营者可以开展科学管理和决策,保证化工园区的可持续健康发展,另一方面政府管理部门也可以对管理区域内化工园区风险程度、生态系统的健康程序等指标进行监管和跟踪,据此建立对化工园区进行管理的政策和措施,规范经营者的生产行为,在保护环境优先的前提下提高经济效益和社会效益。

## 第三节 研究现状

本书的对象是化工园区风险和监测预警,研究视角是数据驱动下的模型和方法。经查阅国内外各大数据库,目前已有关于化工园区、化工园区风险管理的一些研究,但尚未发现与申报选题直接相关的成果,更未发现从数据驱动视角对该类问题开展研究的报道。因为化工园区风险监测预警是风险监测的一种特殊类型,数据驱动下的监测预警模型和方法将基于决策分析方法进行构建,所以下文从化工园区风险监测预警、决策分析方法研究等方面进行国内外研究现状及发展动态分析。

### 一、风险监测研究现状

风险监测是风险管控工作的首要环节,主要任务是实现风险源的实时监测并快速识别异常状态,根据所暴露的问题及时采取措施以规避风险发生。国内外学者关于化工园区风险监测领域研究成果,大多集中于危险源辨识及风险评价两方面,具体研究思路如下:根据预先规定的危险源标准划分化工园区危险源,基于危险源辨识结果确定风险监管对象和目标,同时利用风险评价模型确定风险要素状态以达到风险监测的目的,这是学术界关于风险监测领域研究所讨论的核心问题。

（1）重大危险源辨识表示风险管理者预防和控制危化品事故所运用的风险辨识方法，危险源识别的全面性和科学性直接决定风险监测工作的有效性，因此其成为现阶段风险监测领域的热点话题。国外学术界关于重大危险源辨识领域研究较早，经过不断修订逐渐形成完善的危险源识别评价体系，其发展历程如图1-1所示。

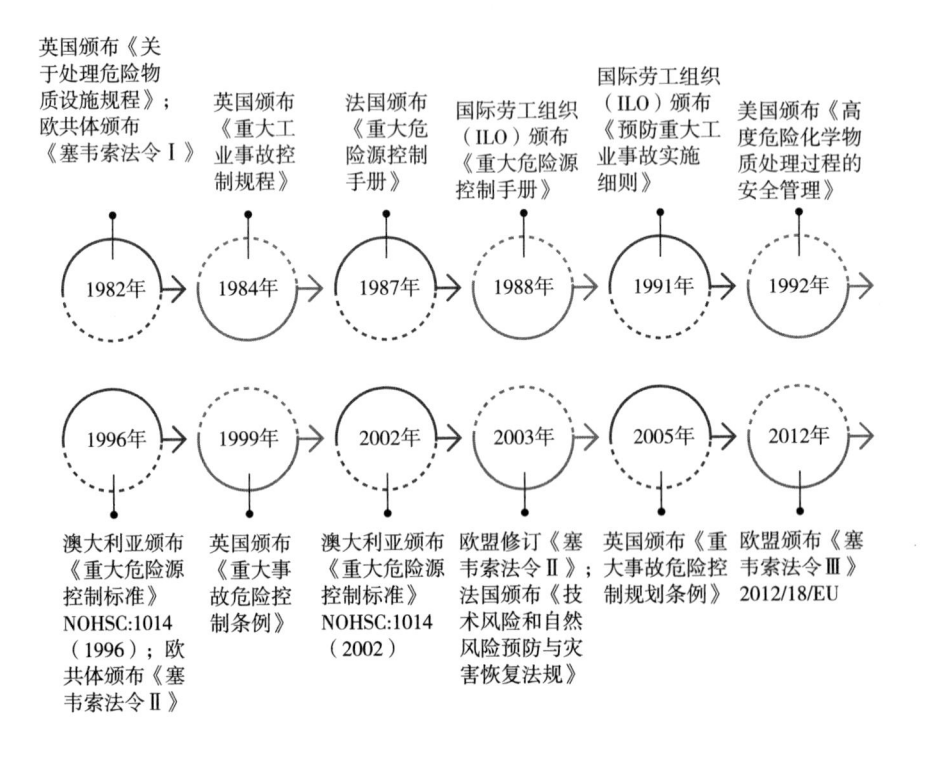

**1982年**：英国颁布《关于处理危险物质设施规程》；欧共体颁布《塞韦索法令Ⅰ》

**1984年**：英国颁布《重大工业事故控制规程》

**1987年**：法国颁布《重大危险源控制手册》

**1988年**：国际劳工组织（ILO）颁布《重大危险源控制手册》

**1991年**：国际劳工组织（ILO）颁布《预防重大工业事故实施细则》

**1992年**：美国颁布《高度危险化学物质处理过程的安全管理》

**1996年**：澳大利亚颁布《重大危险源控制标准》NOHSC:1014（1996）；欧共体颁布《塞韦索法令Ⅱ》

**1999年**：英国颁布《重大事故危险控制条例》

**2002年**：澳大利亚颁布《重大危险源控制标准》NOHSC:1014（2002）

**2003年**：欧盟修订《塞韦索法令Ⅱ》；法国颁布《技术风险和自然风险预防与灾害恢复法规》

**2005年**：英国颁布《重大事故危险控制规划条例》

**2012年**：欧盟颁布《塞韦索法令Ⅲ》2012/18/EU

**图1-1 国外重大危险源辨识标准**

Delvosalle C. 和 Cecile Fievez 等（2006）研究了工业企业事故危险辨识方法与典型事故场景识别方法，分析化工园区内每个重大危险源可能导致的事故场景；E. Planas 和 J. Arnaldos 等（2006）对表征化工事故强度的风险严重度指数进行了研究，阐述了风险严重度的具体计算方法；P. H. Bottelberghs 和 B. J. M. Ale（2000）研究了荷兰关于重大危险源风险评估具体实践工作。

相较于西方国家，我国重大危险源辨识研究与应用时间较晚，尚未形成系统研究，我国重大危险源辨识研究历程如图1-2所示。

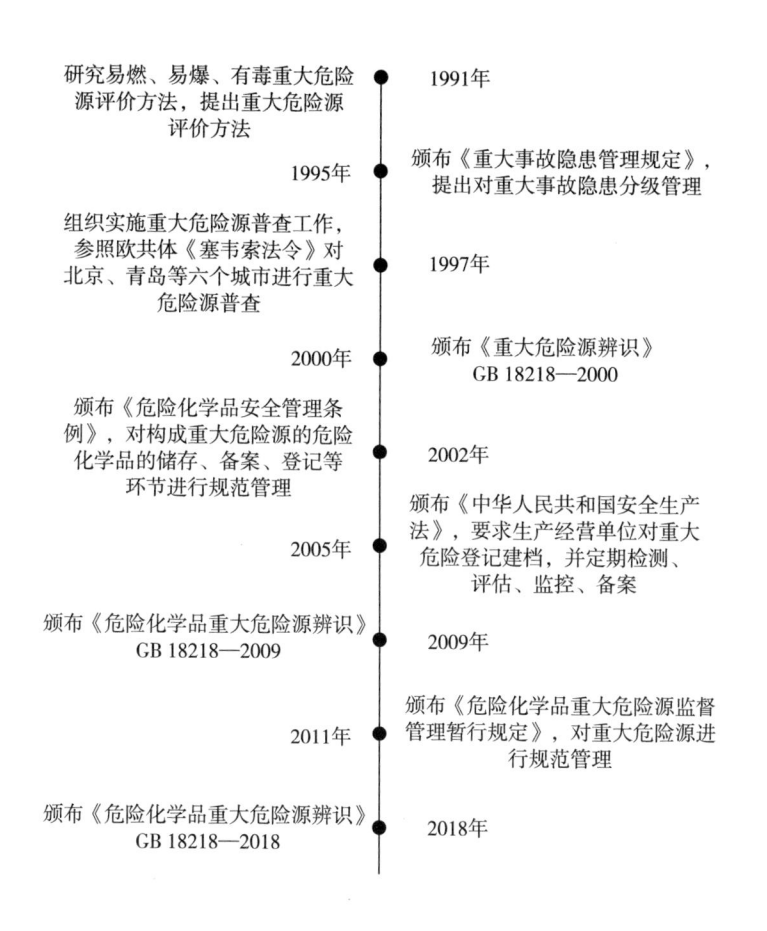

- 1991年　研究易燃、易爆、有毒重大危险源评价方法，提出重大危险源评价方法
- 1995年　颁布《重大事故隐患管理规定》，提出对重大事故隐患分级管理
- 1997年　组织实施重大危险源普查工作，参照欧共体《塞韦索法令》对北京、青岛等六个城市进行重大危险源普查
- 2000年　颁布《重大危险源辨识》GB 18218—2000
- 2002年　颁布《危险化学品安全管理条例》，对构成重大危险源的危险化学品的储存、备案、登记等环节进行规范管理
- 2005年　颁布《中华人民共和国安全生产法》，要求生产经营单位对重大危险登记建档，并定期检测、评估、监控、备案
- 2009年　颁布《危险化学品重大危险源辨识》GB 18218—2009
- 2011年　颁布《危险化学品重大危险源监督管理暂行规定》，对重大危险源进行规范管理
- 2018年　颁布《危险化学品重大危险源辨识》GB 18218—2018

图1-2　国内重大危险源辨识标准

王爽和王志荣等（2010）指出与西方工业大国相比，我国重大危险源辨识仍存在许多问题。我国重大危险源识别法规体系建设大多是在借鉴西方标准的基础上发展起来的，不完全适用于我国化工园区发展实际；重大危险源识别领域相关法律法规由政府牵头制定，社会公众参与程度低，不能很好地将个人风险与社会风险相结合；过于重视一般危险源的辨识监管，导致重点

危险源监管力度不足；政府干预力度过强，导致危险源监管主体混乱，企业安全管理责任不明确；我国化工园区安全管理领域研究起步较晚，相关领域人才缺失，安全管理人员能力不足导致危险源监管工作不能真正得到落实。

（2）风险评价是科研人员在风险识别基础上，对重大危险源可能造成的风险后果展开评估的程序。现阶段，国内外学术界关于风险评价领域研究较为成熟，在众多领域取得突破性进展，形成相对完善的研究体系。根据风险评估方法侧重点不同，学者把风险评价方法分为定性和定量两种类型，伴随着风险评价内容的复杂化，单一的定性或定量评价已无法满足风险评价需求，因此研究人员开始基于不同理论视角研究半定量的综合性风险评价方法，以提升风险评价结果的实用性。

定性风险评价领域研究。风险定性评价指利用风险评价相关知识及事物变化规律性，对化工园区风险进行分析、判别的过程。运用定性风险评价方法能够帮助管理者找到园区系统中存在的风险要素，并进一步利用技术、管理等手段加以控制以实现系统安全目的。国内学者关于风险定性评价研究较为广泛且研究成果趋于成熟，常见的定性评价方法有：德尔菲法、安全检查表法及预先危险性分析等。李传贵等（2009）结合个人风险和社会风险确定化工园区安全容量，并将危险物总量与安全容量比值作为衡量化工园区风险预警的标准；赵璟玲等（2015）基于风险管理理论，运用可能性、严重性、敏感性三类风险指标构建三维定性评价模型，以此实现风险分级管控的目的。

定量风险评价领域研究。定量风险评价是根据现有指标数据，利用风险评价模型实现指标量化，描述事故发生的可能性和后果严重程度。国外学者关于风险评价领域研究多以定量风险评价为主，1974年美国核电站风险评价项目是世界首次将定量评价运用于风险评价中，此后定量风险评价在多个领域得到广泛发展。多米诺骨牌效应的提出是定量风险评价在化工园区风险评价领域重要的研究成果，1991年D. F. Bagster和R. M. Pitblado（1991）针对初始事故和二次事故严重程度，给出多米诺事故发生频率的估算方法，Valerio Cozzani 和 Emest Salzano（2004）在前人基础上对极易导致多米诺骨牌效应的三种物理效应临界值标准进行研究，由此提出伤害概率计算模型；而 Campedel 等（2007）运用于化工园区定量风险评价，进一步填补自然环境对化工园区风险程度领域研究的空白；Showaler 等（2012）通过分析自然灾害作用于化工园区的复杂机理和事故演化模型，寻求降低自然灾害风险度的对策；国内学者关于定量风险评价的研究相对较少，吴宗之（2006）利用网格差分模型计算个人风险与社会风险并以此为依据实现区域定量风险评价；陈国华和张静（2006）基于单个风险源定量风险评价，利用叠加效应对传统风险评价方法加以改进，从而确定整体风险评价；黄孔星等（2019）针对 Na-tech 事件特性，运用定量风险评价方法计算得到的设备致损概率成为 Na-tech 事件的重要突破口。

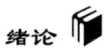

半定量风险评价领域研究。半定量风险评价方法是基于风险发生概率与风险发生严重程度的思想，利用数学模型计算风险概率从而为定性指标赋值的评价方法，主要包括蒙德法、道化学指数法、风险矩阵法等。Muhammet Gul 等（2019）基于毕达哥拉斯模糊评价法对工作相关的危险要素进行评估，通过模糊方法的折中解决方案进行风险分级。Genserik Reniers 等（2022）基于风险概率和后果提出基于风险后果的脆弱评估模型，用于整合安全资源以降低多米诺骨牌效应的影响。Valerie de Dianous 等（2006）利用蝴蝶结结构图对工业企业各类事故的成因以及结果进行了分析研究，并且通过蝴蝶结结构图深入分析了各种安全屏障如何减少重大事故发生的频率以及如何减轻事故后果的实际影响。庄炳石（2008）利用道化学指数法和蒙德法同时对石油化工爆炸危险性进行评估，实践证明蒙德法评价结果更为全面。马昕等（2009）则利用补偿系数对蒙德法进行改进，以某煤气发生系统为例，克服传统评价方法主观性强的缺陷。也有学者将半定量风险评价方法与其他方法相结合，以期克服单一评价模型的不足。葛及和郭迪（2016）运用半定量计算风险评价值，结合风险矩阵确定化工园区风险等级。张玉涛等（2020）针对

结合事故树和风险矩阵对园区事故进行评估，风险评价结果更加精准且具备区分度。

结合上文关于重大危险源辨识和风险评价领域研究现状，学者研究视角大多集中于单一、具体方面，关于风险评价范围、指标体系等内容缺乏系统性考虑，导致研究成果仅适用于某些特殊场景，在风险监测预警实践中缺乏可操作性。关于定量分析，学术界关于风险评价模型领域研究尚未建立完善的理论体系，对于个人或社会风险的评估往往忽视社会因素的影响作用，致使风险评价结果偏离实际标准；关于定性分析，虽然可以让人们大致了解化工园区风险性态，但是无法明确风险概率及严重程度，不利于风险管控工作的进行。

## 二、风险预警研究现状

国外学术界关于风险预警领域研究开展时间较早，在政治、经济、生活等多个领域取得了丰硕的研究成果。"预警"一词起源于军事领域，成熟于经济金融领域，并开始向政治、生活等领域推广与渗透。我国学者最早引进风险预警理论是关于金融经济预警领域研究，逐渐实现由宏观到微观、线性向非线性研究内容的转变，其在经济风险预警防控方面表现出的优越性推动学者将风险预警理论应用于其他领域的风险管理研究，国内外学者关于化工园区风险预警领域研究主要体现在风险预警模型方法及风险预警技术两方面。

风险预警模型领域研究。关于预警理论体系研究，国外学者更多结合数理模型知识完善现有风险预警体系，以提高风险预警精度或弥补模型在特殊条件下的不足。Accorsi R.（2008）提出将扩展内联监测和风险估计相结合以实现早期预警；Flores（2009）提出将马尔科夫到达过程理论融入风险预警系统，并利用弗利默—施韦泽战略解决随机优化问题，以此实现规避风险的目的；Ali Serhan Koyuncugila 和 Nermin Ozgulbasb（2012）则提出将 CHAID 算法应用于依靠数据挖掘的风险预警模型，可在数据缺失条件下实现自动化预警。

国内学者则更加倾向于定性评价模型与定量评价模型的融合研究，以提高预警模型的科学性。陈清光等（2011）为克服化工园区风险预警复杂性难题，创造性地基于仿生系统角度分析化工园区整体生理结构，并借鉴生物免疫系统相关理论提出化工园区风险预警系统；胡瑾秋等（2019）针对风险语境中评估参数偏离所导致的预期损失问题，利用损失函数和剩余时间模型确定参数偏离产生的风险值以此实现预警；蒋仲安等（2021）基于危险源理论构建风险管理模型，利用不确定性理论和扩展产生规则并结合风险数据库所推演的风险预测结果，能够克服传统预警模型主观、模糊的缺陷。

风险预警技术领域研究。风险预警系统是学者关于信息技术与风险预警模型的综合运用，Bilal Arshad 和 Robert Ogie 等（2019）指出现代信息技术能显著提升风险预警效果，基于此，作者认为应更好地利用计算机、传感器技术监测、管理风险，提高风险可控性；Segalini 等（2019）基于物联网改进风险监测预警技术以实现更快、更高效、更易访问的数据管理系统，而且数据自动收集处理系统对于实时预警系统发挥关键作用，帮助管理者以更高效率应对风险；Savi 等（2019）认为监测设备对于重大安全事件风险预警具有重要作用，传统数据收集方式采用手动进行，导致样本数据不完整、时效性差，而基于物联网改进风险监测预警技术以实现更快、更高效、更易访问的数据管理系统，数据自动收集处理系统对于实时预警系统发挥关键作用，帮助管理者以更高效率应对风险。国内学者也对风险预警技术持积极态度，许静等（2019）认为风险评估与预警是辅助园区风险管理的重要支撑工具，利用遥感技术、地理信息系统等现代信息技术构建适合不同环境、不同条件及不同功能的风险监测、评估及预警系统，实现风险管理的智能化、实时化以及自动化等；吉旭（2020）指出工业互联网与化工园区所形成的互联化工是新型发展模式，信息技术在提升设备状态感知能力、异常风险识别及诊断能力、过程控制能力等方面具备绝对优势，而且安全信息管理平台基于多角度、全周期的风险信息为综合评价园区风险水平提供资源和数据保障，这成为提升园区多角度整体协同性、保障安全生产的关键。

综上所述，国内外学者关于风险预警研究的各个领域已取得丰硕成果，且大部分研究成果已被陆续应用于风险监测、风险识别、风险预警、风险管理及风险应急等多个领域，但是现阶段学术界关于风险预警领域研究仍存在以下不足：

（1）实证研究阶段起步较晚，早期风险管理领域研究成果不能很好地指导现实风险管理工作，决策方法与模型构建亟须创新。

（2）关于风险预警所选指标变量、决策方法以及模型选择，学者大多基于个人经验或主观选择的角度出发，这使得各类型决策方法下的风险评价结果存在较大误差甚至存在矛盾性，导致不同评价标准下所提出的结论对策无法得到广泛运用。

（3）风险预警指标体系各变量的处理过程大多采用主观测量法，导致实证研究结果存在主观性、片面性。

（4）根据风险预警实证研究结果统计，大部分实证结果已证明风险预警手段有助于提高风险管理者水平、降低风险灾害损失程度，特别是对于化学工业等高危产业效果更为显著，但是在某些特定情境下，诸如风险预警灵敏度过高、风险管理策略与园区发展战略存在冲突等情境均会导致风险管理效率低下，这说明风险预警不仅取决于决策方法与模型的选择，更需要风险管理组织体制与协调机制的辅助作用，但是目前少有学者关注组织体制构建与风险管理的问题，在一定程度上制约风险监测预警理论与实证研究的积累与发展。

### 三、数据驱动下化工园区风险监测预警应用研究

数据驱动是风险监测预警平台基于海量风险数据，运用数据挖掘技术或机器自学习算法等手段实现人工智能辅助重要决策的行为，是大数据和机器算法在决策模型的具体实践与应用。现阶段，以大数据为代表的现代信息技术在各个领域得到广泛应用，但是学者关于数据驱动在化工园区风险监测领

域的研究尚处于探索阶段，现有研究成果大多以定性研究为主，更多的是关于大数据和风险监测预警融合发展理论体系的研究，具体研究领域包括运行设计与优化、过程监测与故障诊断、质量预测与控制等。

通过查阅相关领域研究文献可知，目前学者对于大数据技术在风险管理领域的应用前景达成高度共识，普遍认为基于数据驱动的风险监测预警模式能够有效克服传统模式下风险管理成本高、信息不对称、安全管理不协调、风险预警效果不理想等弊端，提升风险监管的效率。以物联网、大数据为代表的新一代信息技术在风险监测预警领域得到广泛关注，通过数据驱动的风险监测预警可以帮助管理者快速发掘多样、客观且具有价值的风险信息，洞悉他人无法发现的风险，并通过预测分析来揭示风险模式及变化趋势，克服传统风险监测预警模型因非结构性问题所导致的失真；依据实时可视化和趋势分析结果，帮助管理者更清晰地了解风险状态，发现企业当前存在的漏洞并监控不断变化的情况，基于最新风险动态信息做出快速、明智的决策。

综合国内外各学者研究观点，大数据时代正在推动风险管理模式发生重大变革。随着化工园区规模急剧扩大、产业多元复杂，园区风险系统更加复杂多变，传统风险管理模式已无法应对越发庞大的风险数据，基于数据驱动的风险监测预警将全面取代传统风险管理模式。大数据技术日趋成熟，为基于多维度、多层次、多群体、多因素的巨型数据分析创造条件，借助现代化风险监测设备充分收集园区风险数据，通过数据挖掘、机器学习等手段实现指标量化以发挥风险数据的价值，帮助风险管理部门利用化工园区风险系统日常产生的海量数据找到已知和未知的风险指标，并根据历史园区风险数据及现有风险数据进行综合分析，挖掘和甄别园区系统潜在风险危机，识别化工园区重大危险源区域，从而为风险预警提供契机，根据风险预警结果制定风险防控预案，缩短化工园区风险管理与事故发生的时间差，降低风险发生的概率。推动大数据技术与风险管理的深度融合，可以提高园区风险管理的专业化、智能化以及精确性。

### 四、决策分析方法

本书基于多属性决策、群体决策、信息融合决策三类决策分析方法研究数据驱动下化工园区风险监测预警问题，故此处对三类方法分别进行论述。

（1）多属性决策。多属性决策是在考虑多个属性或指标的情况下，对有限备选方案进行排序择优的过程。多属性决策在工程设计、经济管理、国防军事等诸多领域有着广泛的理论背景和应用前景。层次分析法（Analytic Hierarchy Process，AHP）作为多属性决策的一种经典方法，在国内外得到了广泛的应用，也被应用于解决化工园区风险评价问题。但 AHP 方法有一个应用前提，即各项指标之间必须相互独立，当指标之间存在关联影响关系时，该方法则不再适用。为解决上述问题，国外学者基于超矩阵、加权超矩阵、权限加权超矩阵提出了能够反映指标之间关联影响关系的网络分析法（Analytic Network Process，ANP）。因 ANP 方法在计算加权超矩阵时存在着元素集权重判断机理不明等问题，故有学者提出用决策试行与评价实验室方法（Decision Making Trial and Evaluation Laboratory Technique，DEMATEL）确定元素集权，并构建了 DEMATEL-ANP 方法。无论是 ANP 还是 DEMATEL-ANP 都在多属性决策领域得到了广泛的应用。需要说明的是，DEMATEL 与 ANP 方法对于元素或指标之间的关联影响关系都是根据专家的知识与经验确定的，具有一定的主观武断性。与二者不同，结构方程模型能够利用统计数据对表征变量之间关系影响的因素关系进行辨识、估计和验证，具有相对客观性。结构方程模型在实证分析领域亦得到了广泛的应用。

（2）群体决策。群体决策是为充分发挥群体成员智慧，由多位决策成员共同参与决策，并做出最优选择的过程。这类决策的发展主要经历了"静态决策→动态决策→多层决策→大群体决策"的过程。在静态决策方面，专家学者有的基于线性加权、TOPSIS、多属性效用等理论从主客观分离或融合视角构建决策成员权重与属性权重的赋权方法。在动态决策方面，有学者通过引入动态交互方式完善群体决策中的决策信息,也有的研究了动态交互过程中的共识达成轨迹问题。在多层决策方面,人们发现在现实群体决策中决策成员之间并非总是相互平等而往往表现出显著的层次性关系,即决策成员之间具有明显层次结构、决策执行过程具有次序性、各决策成员均以自身利益最大化为决策目标,为此有学者开始围绕多层决策问题进行探索,提出了多层满意度交互决策方法、有/无模糊参数的多层交互式模糊规划方法、两阶段多层交互决策分析法等。在大群体决策方面,陈晓红院士及其团队成员针对互联网环境下决策过程中参与主体数量规模庞大等特点,提出了基于聚类算法的大群体一致性修正决策方法、基于熵权的多属性大群体决策方法、面向效用值偏好信息的大群体决策方法等。

(3) 信息融合决策。信息融合是利用多种手段获取不同层次、不同特征的信息,并通过多层次、多方面、多级别的信息处理以得到更高级别、更易于理解、更加全面、更为精确有效的信息,实现去粗取精、由低到高、由部分到全面的认知升华过程。信息融合技术已经在生态化工、化工环境监测与保护等领域得到了一定应用。证据理论(Dempster-Shafer Theory of Evidence)作为信息融合领域中的一种不确定信息推理技术,既具有表达"不知道""不确定"等不完备信息的能力,又能对不完备信息进行有效融合,已在专家系统、医疗诊断、风险评估、环境评估、多属性决策、群决策领域得到了广泛应用。可以说证据理论目前已经在识别框架转化、信度函数获取、信息函数合成等方面取得了一系列研究成果。需要指出的是,证据理论使用Dempster规则对不同来源的证据信息进行融合,但该规则在证据高度冲突时会出现直觉悖论。为此,一些学者认为Dempster规则本身是正确的,之所以出现直觉悖论是因为证据信息中存在错误,故提出了用于修正证据信息的证据折扣法。也有一些学者认为Dempster规则本身是错的,故从冲突因子再分配视角对证据组合规则开展了一系列的修正研究。

(4) 发展趋势分析。决策分析一直是国内外专家学者关注的热点领域,研究成果层出不穷。随着对决策问题认识的越来越深入，决策分析正由仅关注单一类型决策问题逐渐走向多属性决策、群体决策、信息融合决策的交叉融合。如已有学者针对不确定性多属性决策问题，将证据理论与层次分析法进行交叉融合提出了DS/AHP决策方法、基于互补判断矩阵的DS/AHP方法、柔性推断下的改进DS/AHP方法等。在此基础上，还有学者针对不确定性多发展群决策问题提出了不等价关系下的DS/AHP群决策方法、TIN-DS/AHP方法等。特别地，英国曼彻斯特大学的杨剑波教授、徐冬玲教授针对不确定环境下的多属性决策问题，将剩余支持和全局无知予以区分，构建了基于递归融合算法的证据推理方法（Evidential Reasoning），在国际学术界引起了强烈的反响。王应明教授也对证据推理方法进行了拓展和改进，提出了解析证据推理规则、基于相对支持的理论指导推理规则等。由此可见，决策分析走向交叉融合是大势所趋。上述方法将为解决数据驱动下我国化工园区风险监测预警问题提供技术支持。

### 五、文献评述

国内外学术界目前关于风险监测、预警领域研究文献是本书进行化工园区风险监测预警领域研究的基础和前提，但是与数据驱动下化工园区风险监测预警主题直接相关的研究成果并不多。现有研究成果主要集中于以下三个方面：第一，危险源辨识及风险评价方法的探讨与应用；第二，基于风险预警理论和数理方法完善预警模型，提高风险预警结果的科学性；第三，信息技术与风险预警模型的交叉研究。

学术界对数据驱动下风险监测预警普遍持积极态度，但是国内外学术界关于数据驱动与化工园区风险监测预警融合发展领域研究时间并不长，学者关于数据驱动模式下的化工园区风险监测预警尚处于探索阶段，大数据与风险监测预警融合相关技术在实际应用过程中暴露出实用性差、稳定性不足等缺陷，部分研究成果仅在某些特定情景下才能取得良好效果，可复制性较差、约束条件较多、适用范围狭小等缺陷严重制约数据驱动下风险监测预警领域研究成果的推广与普及；互联网时代管理者可以得到关于化工园区风险状态的各项数据，每项监测指标的数据可能有多个来源，监测数据呈现多源异构性、不确定性、动态变化性等特征，随着时间推移监测数据可能发生不同程度的变化，因此如何根据随机变化的风险指标数据构建风险预测、评价模型实现对各类风险要素的不确定性预测成为学者亟须解决的难点。

## 第四节 研究内容和思路

### 一、主要研究内容

本书基于数据驱动视角，借鉴风险监测预警相关理论基础，以山东省化工园区为研究对象，提出数据驱动下化工园区风险监测预警模型和方法，技术路线图如图 1-3 所示。本书首先介绍了山东省化工园区发展现状以及风险监测预警体系建设，总结分析园区监测预警现状和发展不足；其次介绍风险监测、预警领域的相关理论知识，为构建风险监测预警指标体系和模型奠定理论基础；再次依据系统动力学作用机理提炼风险关联指标，构建指标体系，针对数据驱动下风险监测数据多源异构性特征，基于基本信任分配函数理论提出多源异构融合模型以实现对数据驱动下化工园区风险的科学评价；最后通过案例实证研究风险监测预警模型的合理性和科学性，根据风险预警结果分析园区风险产生的原因并提出防范措施，助推园区风险解除预警。本书关于数据驱动下山东省化工园区风险监测预警研究大致包括以下内容：

第一章是绪论，在这一部分中本书将阐述学术界关于风险监测、预警领域研究现状、研究目的及研究意义，对国内外相关领域的文献进行梳理与分析发现该领域的研究热点、发展趋势及现有研究的不足，为后文研究提供理论参考。

第二章是关于化工园区风险监测预警基础理论分析，包括风险相关概念、化工园区风险特征、风险类型及风险成因，基于上述理论基础，进一步展开风险监测预警相关理论分析，并对山东省化工园区风险监测预警发展现状及存在问题展开讨论，借此提出数据驱动下化工园区风险监测预警体系架构。

第三章是关于化工园区风险性态演变机理分析，根据风险性态演变特征提出系统动力学用于风险演化的适用性，在此基础上构建园区环境状况、园区风险特征及园区管理能力等三个子系统，确定系统边界和基本假设，根据风险关联要素的因果关系绘制系统存量流量图，提炼化工园区风险系统关键指标要素。

第四章是关于化工园区风险监测预警指标体系的建立，依据第三章系统动力学原理所提炼的关键指标要素，综合考虑指标间关联影响，并在此基础上构建数据驱动下化工园区风险监测预警指标体系。

第五章是关于数据驱动下化工园区风险监测预警模型的构建，模型构建的科学性与合理性直接影响到风险监测预警结果，故本章内容是研究拟解决的关键科学问题。本章内容主要包括数据驱动下风险监测预警数据转换方法、层次分析法确定指标权重、证据折扣方法、多源异构融合模型、模糊综合评价法及灰色预测模型等。风险监测预警数据转换主要包括数据多源异构性、不确定性分析以及基本信任分配函数转换方法，旨在利用基本信任分配函数解决风险监测数据的不确定性问题；层次分析法主要依据专家打分结果，确定监测预警指标权重；证据折扣方法则兼顾指标重要性及信源可靠性，对指标数据进行处理，解决证据融合过程中的高度冲突问题；多源异构融合模型则依据参与融合的指标个数和信源个数划分为单指标—单信源、多指标—单信源、单指标—多信源、多指标—多信源四类融合模型，多源异构融合模型的提出可以解决指标数据融合过程出现的所有融合问题，实现对数据驱动下风险监测预警的科学评价；模糊综合评价模型和灰色预测模型则分别解决数据驱动下化工园区风险评价及风险预警问题，并依据国家标准和规范基础确定预警等级标准，实现对化工园区风险预警等级划分。

第六章为数据驱动风险监测预警模型的实证研究，本章以东营港经济开发区化工园区为研究对象，对数据驱动下山东省化工园区风险监测预警问题进行分析，根据研究对象及事故风险概况，运用上文所构建的风险监测预警模型对该试点风险监测预警能力进行评价，确定园区风险等级并对未来园区风险警情做出预测。

第七章为园区风险分析及防范措施的制定，结合前文风险预警结果研究分析，针对化工园区现有问题，提出相应改进措施，旨在弥补现有手段的不足，提高园区风险监测预警能力直至风险解除预警，对山东省其他园区风险监测预警能力的提升具有参考价值与实际意义。

第八章结论与展望。本章内容旨在对全书的研究结果进行归纳总结，同时指出本研究存在的局限性并对该领域未来研究趋势进行展望。

## 二、研究方法

（1）参考文献研究法。本书以 CNKI、Web of Science 等国内外数据库为文献来源，在梳理分析国内外学者最新研究成果的基础上展开化工园区风险监测预警的研究，通过对上述文献成果的学习，也为开展模型方法构建工作奠定前期理论基础。

（2）定性定量结合法。定性方法有利于总结出事物的性质特征，定量方法有利于从数据中发现事物的发展规律，将定性与定量方法有机结合，对于科学地解决数据驱动下化工园区风险监测预警问题具有重要作用。对于多源异构融合模型、监测及预警方法均采用定性定量相结合的方法，定性体现在从概念层面辨别机理、模型思路；定量则体现在指标综合体系、权重确定方法及模型构建等内容。

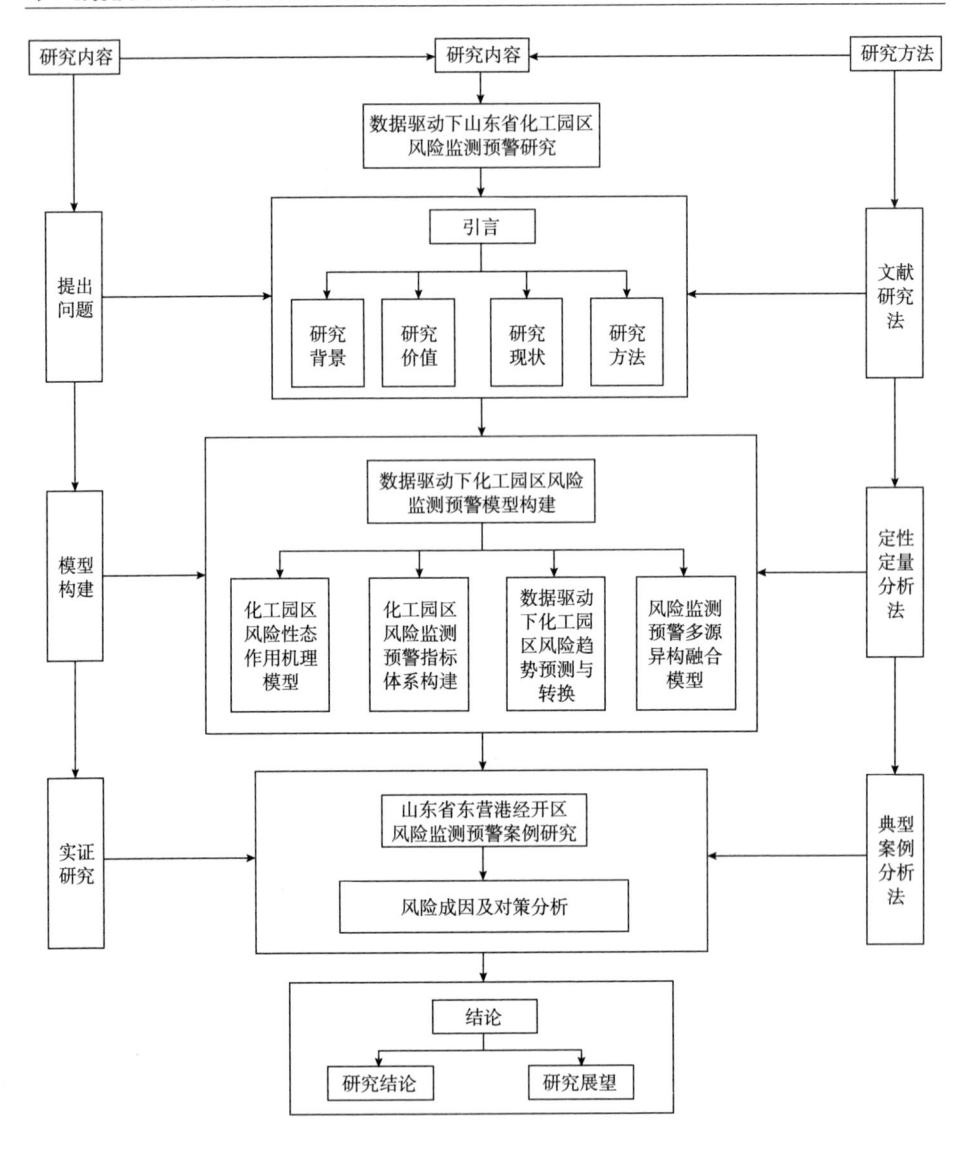

图 1-3 技术路线

（3）典型案例分析法。为验证本书所构建模型具备实际应用价值，本书以东营港经济开发区化工园区为例，基于数据驱动视角对化工园区的监测预警问题展开分析，针对东营港化工园区存在风险问题提出风险防范措施。

## 第五节　研究创新

针对研究问题中存在的监测指标多样、内部机理复杂、信息来源广泛、数据质量各异等特点，通过交叉融合资源管理、环境管理、决策分析、应急管理、信息融合等多学科知识，提出一套适用于解决数据驱动下化工园区风险监测预警问题的模型和方法。通过本书，以期在微观上为实现我国化工产业的可技术发展提供监测预警工具，在宏观上为支持国家"生态化工"战略做出贡献。

# 第二章

## 化工园区风险监测预警理论分析

# 第一节 风险相关理论基础

## 一、风险

风险最早被解释为自然现象等客观事物蕴含的危险性。随着人类社会的进步与发展,"风险"被赋予更为丰富的内涵,超越了简单的"客观风险"概念,更为紧密地与人类社会活动相联系,可以理解为"遭到破坏或发生损失的机会或危险可能性",风险率计算公式如下所示:

$$R = P \times C \tag{2-1}$$

其中,$R$ 表示风险率,$P$ 表示风险发生概率或事故频率,$C$ 表示事故后果严重程度。

## 二、安全

安全属于风险的相对状态,即当前所处风险状态处于可接受水平时则表示安全,安全度可用风险率进行计算,如下所示:

$$S = 1 - R \tag{2-2}$$

其中,$S$ 表示安全度,$R$ 表示风险率。

## 三、危险源

根据《中华人民共和国国家标准重大危险源辨识》给出的解释,危险源是可能导致生命破坏、财产损失和环境损害的原因、行为或方式,化工园区重大危险源可以用物质总量与临界量的比值来表示。若单元内化学品种类数为 1,其数量就代表危险品总量;若单元内化学品种类为多种,其计算公式如下所示：

$$\frac{q_1}{Q_1}+\frac{q_2}{Q_2}+\cdots+\frac{q_n}{Q_n}\geq 1 \tag{2-3}$$

其中，$q_1$，$q_2$，$\cdots$，$q_n$ 表示实际存量，$Q_1$，$Q_2$，$\cdots$，$Q_n$ 表示临界量。

### 四、隐患

隐患表示生产经营活动中可能导致事故发生或事故后果扩大的不安全行为，重点强调人的不作为或过失致使园区系统紊乱所造成事故的可能性。

### 五、事故

隐患与危险源构成事故的基础，事故指系统混乱所导致人员伤亡、财产损失等异常状态的随机事件或意外情况，突出发生时机的偶然性。事故还存在另外一种情况，即隐患转化为事故的过程中，管理者意识到事故风险发生的必然性，但由于个体能力的局限性无法阻止风险发生亦构成事故发生条件。

由上述内容可知，安全与风险处于相互对立状态，风险度越高则安全性越低；危险源、隐患与事故三者存在必然联系，危险源强调场所设施等主体本身潜藏的危险性，隐患则是物和人共同作用的结果，危险源构成隐患的基本条件；隐患也是事故形成的必要条件，隐患向事故的转化需要一个过程，因此应加强危险源监管力度，对于任何隐患均需立即消除，对于受主体能力不足无法消除的隐患，也应当采取措施减缓事故演化进程，将可能发生的事故灾害控制在最小范围内。

## 第二节 化工园区相关理论基础

化工园区是现代化学工业集约化、效益最大化发展的时代产物，根据我国化工园区发展实践及国家相关文件标准，可以将化工园区定义为：特定区域内以化工产业为纽带所形成的企业聚集地，利用发达的物流体系可将产业链上下游企业相互连接，实现原料、中间物及最终产品的循环发展，园区内设施公用，环境污染统一治理，有助于实现资源的最大化综合利用。山东省化工园区现已形成相对完善的产业链和产业集群，对于当地经济发展的引擎作用愈发明显，这促使当地政府进一步加快企业入园项目规划进展，推动化工企业加速向园区内集聚，园区化已成为化学工业发展的主要模式。

## 一、化工园区特征

### （一）化工园区建设特征

化学工业作为重要原材料供应产业，同时也是资源密集型的高耗能产业，这就要求化工园区建设应具备适应园区发展的资源和环境条件，满足产品生产、存储及运输等需求。

1. 园区选址大多具备良好的天然优势

园区建设大多依托化工产品的主要消费市场或原材料来源地，可以有效降低运输成本；交通线路四通八达，货物运输便利，便于原材料和产成品的进出；储运设施和公用设施齐全，便于将化工产品运往全国各地的市场；产业关联度高，毗邻其他相关产业园，实现对资源的优化利用和园区间的协同发展。

2. 产业集中度高，规模优势明显

化工园区凭借其独特的集聚优势，吸引产业链中下游及其他相关产业入园，强化企业关联程度以降低产品运输成本；而且产业集聚发展大大提高了土地利用率及产出回报率，实现资源的最大化利用。

3. 园区依靠核心优势，推动特色化建设

化工企业为满足消费市场对化工产品多方面需求，大多选择依靠园区技术优势、产品优势，着重发展特色化、功能化、精细化的高技术含量产品，加快产业结构调整步伐，培育新的产业竞争优势。

4. 园区一体化布局，运行体系趋于完善

化工园区循环经济模式促使园区企业合理布局，上下游产品连接成线从而实现产品与原料互供，实现资源的最大化利用，而且园区内基础设施集中建设并面向各类企业开放，逐渐形成全方位一体化格局，一定程度上降低了企业生产运营成本。

（二）化工园区生产特征

1. 产品生产工艺复杂

化工产品的生产、加工等环节生产工艺极为复杂，整个生产过程大致可以分为原料处理、化学反应及产品精制三个阶段，而原料到产品的转变需要经历氧化、聚合、硝化等多种化学反应，某些化学反应对温度、压力及介质等条件具备特殊要求，生产条件极为苛刻，甚至于各种物料投放顺序、速度、配比、搅拌等工艺参数控制失效也会因热量过度集聚而导致局部过热，更为严重者会导致爆炸。

2. 生产过程连续性

化工园区形成相对完整的产业链，上中下游企业联系紧密，从原料的输入到产成品输出的各个流程环环相扣，产品生产系统相互联系密切，具备较强的协调性和协作性。但是，当生产流程的某一环节出现失误或发生故障时会影响整个流程的运作，这对员工专业素质及安全责任意识提出更高要求，企业可以通过教育培训等方式提升员工专业领域理论知识和技术知识以保障生产流程的安全平稳有序运行。

3. 化工生产装置大型化

化工园区生产装置大型化是目前化学工业发展较为明显的趋势，通过连续性作业提高生产效率，降低产品生产的平均单位成本；而传统的手工操作、间断式生产方式已实现向高度自动化、连续性生产方式的转变。

4. 产品生产高危性

化工园区企业以化工产品加工制造为主要业务,产品生产、加工、储藏、运输等环节所涉及产品、原料等物质均存在危险性,且不同类型化学品物质特性差异较大,特殊条件下极易发生化学反应,这导致产品生产全流程存在较高危险性,稍有不慎将引发严重的园区事故。

## 二、化工园区风险类型

明确风险类型是提升化工园区风险辨识、隐患排查能力的前提,化工生产涉及诸多专业领域,生产工艺复杂多样、生产条件要求严格,原料大多属于可燃性、爆炸性的危险物质,特别是构成重大危险源的储存设施能量分布相对集中,一旦发生事故,很容易引起严重后果。由上述可知,危险源为化工园区事故发生提供物质基础,这决定了园区风险类型由危险源性质所决定。根据引起安全事故的危险源性质不同,化工园区风险可分为以下五类,如图2-1所示。

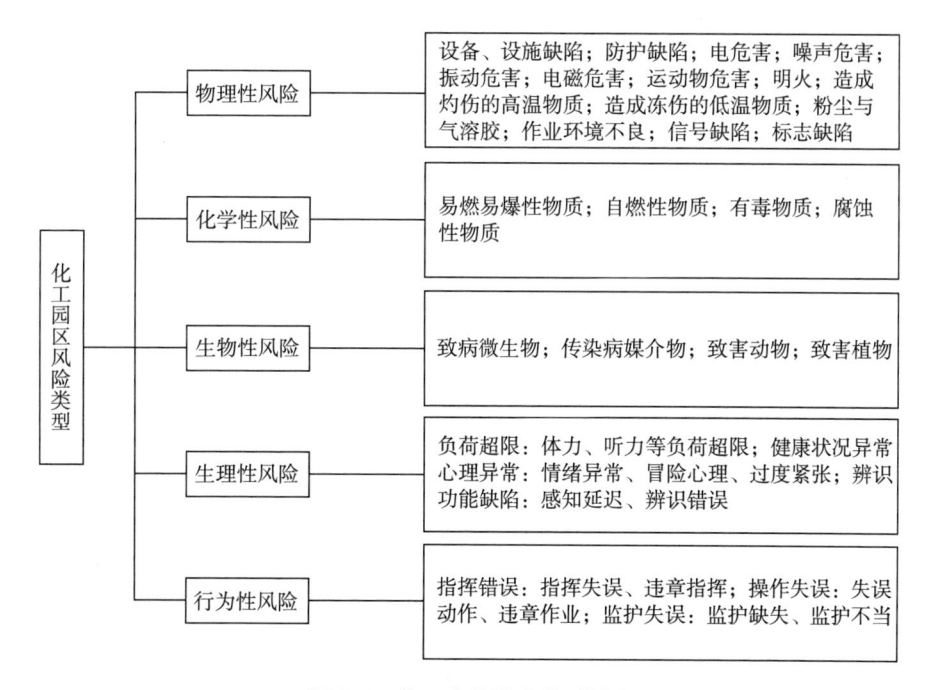

| 化工园区风险类型 | 具体内容 |
|---|---|
| 物理性风险 | 设备、设施缺陷;防护缺陷;电危害;噪声危害;振动危害;电磁危害;运动物危害;明火;造成灼伤的高温物质;造成冻伤的低温物质;粉尘与气溶胶;作业环境不良;信号缺陷;标志缺陷 |
| 化学性风险 | 易燃易爆性物质;自燃性物质;有毒物质;腐蚀性物质 |
| 生物性风险 | 致病微生物;传染病媒介物;致害动物;致害植物 |
| 生理性风险 | 负荷超限:体力、听力等负荷超限;健康状况异常;心理异常:情绪异常、冒险心理、过度紧张;辨识功能缺陷:感知延迟、辨识错误 |
| 行为性风险 | 指挥错误:指挥失误、违章指挥;操作失误:失误动作、违章作业;监护失误:监护缺失、监护不当 |

图 2-1 化工企业风险类别划分

### 三、化工园区风险特征

1. 危险源众多

重大危险源是引发化工园区安全事故的必要条件，化工生产活动存在众多危险物质，在某种特定条件下，假若设施、设备或场所蕴含物质能量超过临界值数量易引发重大安全事故，因此严格控制重大危险源临界数量是防止重特大事故发生的关键。生产设备、作业现场及库区等在生产过程中可能造成能量或物质的意外扩散、泄漏，并可能造成设备损坏、人员伤亡、财产损失和环境污染，由此不难看出化工园区各场所平均风险水平偏高，因此应科学确定各危险源临界数量，根据危害程度对危险源进行分级管控。

2. 易形成多米诺骨牌效应

多米诺骨牌效应属于事故因果连锁理论的基本表现，属于化工园区突发事件中极为常见的现象，也是导致园区事故严重性升级的基本表现形式，背后原因是：化工园区内部存在众多危险源且相互影响，突发安全事故将打破不同物质间原有稳定状态，导致危化品泄漏、火灾、爆炸等二次事故，扩大事态严重性；企业之间也可能相互影响，化工园区内部企业分布较为密集，当火灾或爆炸事故发生时，极易影响到周边企业的连锁反应；园区事故所引起的火灾、爆炸、危化品泄漏等可能会导致现场救援人员中度或重度受伤从而丧失工作能力，间接扩大多米诺效应危害性。

3. 事故紧急救援难度大

化工园区内部存在各类危化品，大多属于易燃、易爆、有毒物质，而且化工生产多为大型化装置设备以及复杂的管道运输系统，这无疑大大增加了化工园区紧急救援难度。如果未能在事故发生前做好应急救援准备或缺乏事故应急演练，指挥者很难根据事故现场做出正确应急救援战略选择，导致事故无法及时被控制，引发灾难性后果。

4. 事故常伴随环境污染

随着城市规划的进一步完善，大批化工企业"退城入园"，极大缓解了城市其他功能区环境污染状况，但是化工园区也成为重大危险品的主要聚集地，致使环境风险问题尤为突出。首先，化工园区突发安全事故会伴随爆炸、气体泄漏等风险，将会直接或间接地影响到周边生态环境，甚至引发更为严重的环境污染事故；其次，化工园区产品生产流程大多为有毒、有害物质，日常生产中会产生大量有毒废弃物，如果处理不达标而直接排放，将对生态环境和人身安全产生威胁；再次，化工产品生产工艺极为复杂，工人操作失误或设备故障等原因所造成的有毒有害物质无组织排放，会对周边群众生命安全造成严重威胁；最后，化工园区为满足生产用水需求，大多选择建设在沿海或沿河区域，化学品泄漏将致使有毒物质流入附近水源，造成严重的水污染。

## 四、化工园区风险成因

化工园区风险管理是化工产业安全管理的重要内容，深入探查化工园区风险成因，有助于管理者发现园区存在的安全问题及风险点，从而根据园区实际制定针对性对策。在大量查阅文献及总结历史事故经验基础上，研究发现，化工园区风险成因多种多样，不确定性更是风险最突出的特征，因此关于风险成因、风险识别及评估等领域研究，学术界尚未形成标准统一的理论体系。根据事故致因理论，从客观因素来看，园区事故可以从外部环境及内部条件两方面展开讨论，外部环境包含自然灾害等自然环境以及生产环境两方面内容，环境异常是诱发事故的基础；而就主观因素而言，员工与管理者往往是学者关于园区事故讨论最为关键的两大主体，员工作为化工园区生产最活跃的因素，是引发安全事故的最直接因素；而管理者则是由于管理能力不足而导致风险失控的间接原因。综上所述，园区事故往往是多种风险要素综合作用的结果，在事故形成的过程中，根据引发园区事故的要素不同，化工园区风险系统要素作用机理如图2-2所示。

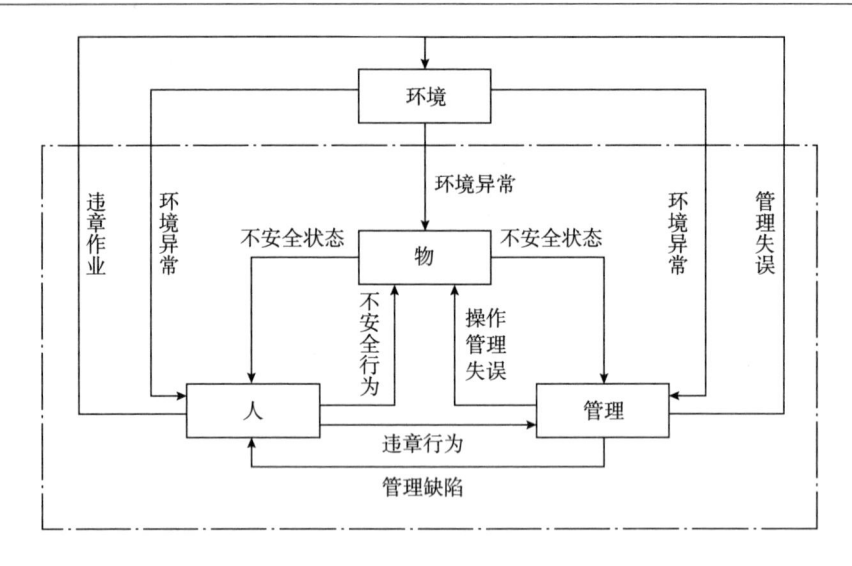

图 2-2　化工园区风险要素作用机理

根据上述主要风险要素作用机理，如图 2-2 所示，化工园区风险系统是一个复杂的综合系统，其内部存在众多风险源，而且导致安全事故发生的原因及风险表现形式各不相同，但是风险事故演化规律往往是有迹可循的，当化工园区某一风险要素变得不稳定时，经由量变积累过程在某种特殊条件下会形成质变；而且不同要素间也会相互影响，某一要素状态发生变动将影响其他要素的稳定状态，甚至会打破整个风险系统的平衡状态，从而导致安全事故一触即发。

大量事故研究表明，人、物、环、管四大要素是导致化工园区安全事故形成的主要原因。

（1）员工专业技能或知识素养欠缺，日常生产工作中容易因工具操作失误或安全装置使用不当等原因导致生产场所、设施装置、环境等处于不安全状态，而环境异常以及管理监督力度不足等则容易导致员工精神、生理状态不佳而产生不安全行为，这是化工园区生产事故频发的最主要原因。

（2）物的不安全状态为园区事故发生提供物质基础，化工园区生产过程中，由于环境变化、人为因素等外在条件发生变化极易导致物的不安全状态，这个过程与环境、管理、人等要素密切相关。此外，物的状态可以反映员工行为及管理的有效性，如何正确判断物的状态并加以控制成为园区风险管理的关键。

（3）环境作用于化工园区主要包括直接影响和间接影响两个方面，直接影响指地震、暴雨等自然灾害导致园区设施、装置受损，致使物处于不安全状态，甚至作用于人员出现伤亡状况，而间接影响则因环境条件恶劣而导致员工生理、心理状态发生改变，影响对风险状态的正确判断，从而引发安全事故。

（4）管理是实现风险预测、识别、管控的关键，是保障系统有序运作的重要工作，风险管理活动是管理者根据主观判断，衡量成本收益后采取的一系列措施，但是现实风险活动的不确定性导致管理工作常常难以取得预期效果，管理能力缺陷是导致风险防控工作难以及时有效开展的主要原因，受到环境、物品、员工等其他风险要素影响，管理者难以准确判断风险态势，导致风险无法第一时间得到控制。

## 第三节 化工园区风险监测与预警理论基础

### 一、化工园区风险监测概念、方法及功能分析

（一）化工园区风险监测

风险监测指在化工园区运行的过程中，利用风险监测手段对园区内部和外部各种风险要素的发展情况和变化趋势进行全方位动态监测，并根据风险变动趋势评估风险控制策略，根据实时反馈的风险监测信息，及时调整企业

风险管控战略，为后期风险控制提供保障。化工园区进行风险监测可以达到监督风险新变化并及时反馈的目的，从而根据新变化对化工园区影响程度重新进行风险识别、风险评价及风险应对等；通过实时风险监测，可以检验风险管控战略与调整措施能否达到预期要求，根据风险监测反馈结果完善风险规避计划，使风险管控战略更加符合实际。

对于化工企业而言，风险监测和风险状态识别是持续性活动，园区管理者应有意识监控重大危险源风险状态及管控策略实施效果，定期安排风险审查活动，从而达到风险防控的目标。因此，企业应建立风险监测长效机制，通过扩大监测覆盖面积及加强传感器灵敏度提升企业监测能力，运用信息技术实现监测信息可视化，并将风险监测评价信息分析、整理入库，进一步完善风险信息数据库建设从而为监测信息系统建设提供数据基础，逐步提高风险监测预警模型的预测精确性和适用性。

（二）风险监测数据采集方法

1. 离线定期监测法

离线定期监测主要依靠化工园区工作人员手动对重大危险源进行定期检测。工作人员利用风险监测设备对化工园区系统内部各重大危险源进行测试，测试后记录风险指标数据，将采集到的数据信息利用专门的风险评估预测程序进行分析。

2. 电子监测、离线分析法

由化工园区风险监测系统自动收集和处理来自风险源主要监控点的监测数据，通过对接收系统收集的数据进行分析和评估实现风险监测信息的可视化处理。

3. 自动在线监测法

自动在线监测方法指利用风险监测设备及系统实现对重大危险源等监测点的风险数据进行自动在线监测，不仅能够实现自动在线监测风险状态变化情况，实时反馈风险信息，还可以在线对风险状态进行识别和判断，及时进行风险警示。

(三) 化工园区风险监测功能

1. 全面掌握园区风险信息，及早识别风险

化工园区潜藏的风险因素具备动态变化性特征，针对风险动态变化的特性，有效的风险监测允许园区风险管理部门实施风险动态化管理，根据实时监测信息所反馈的可视化结果，持续调整和制定对策以降低园区风险度，确保风险状态始终处于可接受范围内。

2. 完善风险应对程序，避免危险事故发生

针对化工企业缺少对灾难事故综合信息掌握情况，风险监测项目能够帮助企业及时掌握风险因素信息，立体全面地反映风险点情况，从根源避免连锁事件的发生。

3. 明确风险辨识流程，保证风险监测预警系统正常运作

风险管理部门利用风险监测反馈内容，能够进一步明确风险辨识流程，优化风险管理程序，保证化工园区风险监测预警系统顺利进行。

4. 监督风险管控战略执行情况，充分吸取风险管理工作的经验与教训

风险监测服务于风险管控战略全流程的各个环节，根据风险监测实时反馈结果，允许风险管理者及早发现风险管理存在的问题并及时进行调整，避免风险管理工作出现重大失误而导致危险事件发生。

## 二、化工园区风险预警概念、方法及功能分析

(一) 风险预警概念

风险预警在化工园区风险管理体系中通常表示为风险预警系统，由预警分析系统和预控对策系统两部分组成。化工企业生产经营作为综合性社会活动，其各环节存在较大不确定性。事实上，风险预警属于预先性风险管理系统，它根据风险监测数据推测风险要素的演变，评估并判断风险要素的偏离程度，根据所处风险等级发出预警信号，帮助管理者针对风险要素特征及演

变趋势制定风险防范措施。风险预警系统由警情、警义、警源、警素、警度、警兆、警限等要素组成，如图2-3所示。

```
                        风险预警
    ┌────┬────┬────┬────┬────┬────┬────┐
   警情  警义  警源  警素  警度  警兆  警限
```

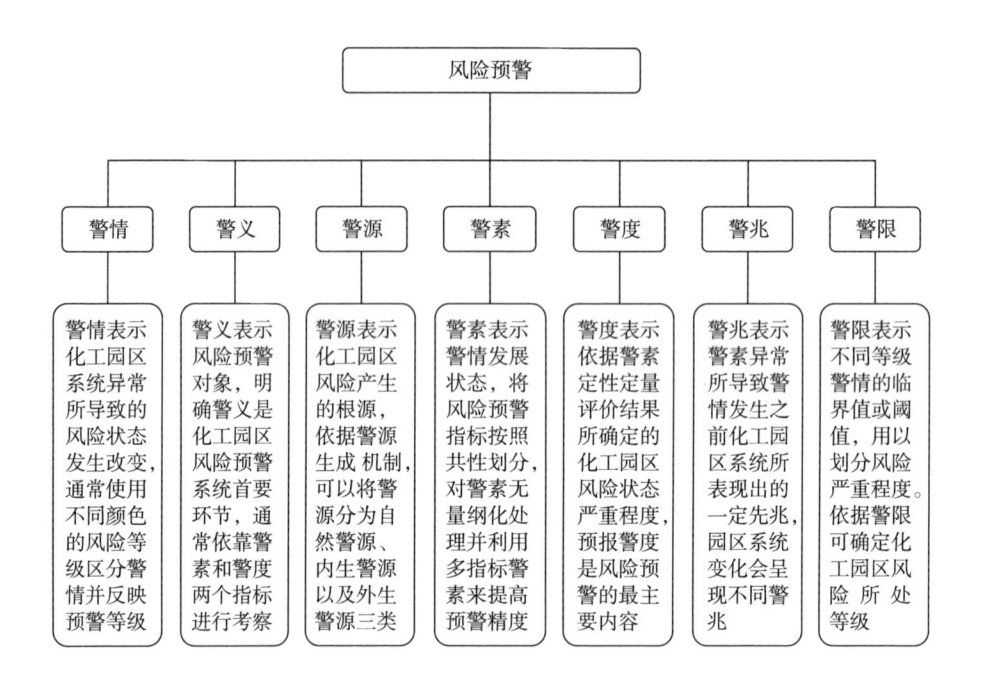

| 警情 | 警义 | 警源 | 警素 | 警度 | 警兆 | 警限 |
|---|---|---|---|---|---|---|
| 警情表示化工园区系统异常所导致的风险状态发生改变，通常使用不同颜色的风险等级区分警情并反映预警等级 | 警义表示风险预警对象，明确警义是化工园区风险预警系统首要环节，通常依靠警素和警度两个指标进行考察 | 警源表示化工园区风险产生的根源，依据警源生成机制，可以将警源分为自然警源、内生警源以及外生警源三类 | 警素表示警情发展状态，将风险预警指标按照共性划分，对警素无量纲化处理并利用多指标警素来提高预警精度 | 警度表示依据警素定性定量评价结果所确定的化工园区风险状态严重程度，预报警度是风险预警的最主要内容 | 警兆表示警素异常所导致警情发生之前化工园区系统所表现出的一定先兆，园区系统变化会呈现不同警兆 | 警限表示不同等级警情的临界值或阈值，用以划分风险严重程度。依据警限可确定化工园区风险所处等级 |

图 2-3　风险预警要素

（二）风险预警评价方法

风险预警模型是依据事故因果性、偶然性、必然性和再现性等特点，基于化工园区历史事故统计数据，利用数理模型等推理方法寻找事故规律性，预测该类事故发生的可能性并根据预测结果判断指标风险状态与临界值偏离程度，及时采取措施防止事故发生。国内外学者关于风险预警模型的研究大多基于金融经济等领域，关于化工园区风险预警模型构建方法的研究较少，通过梳理风险预警领域现有研究成果，大致可以分为以下六类，如图2-4所示。

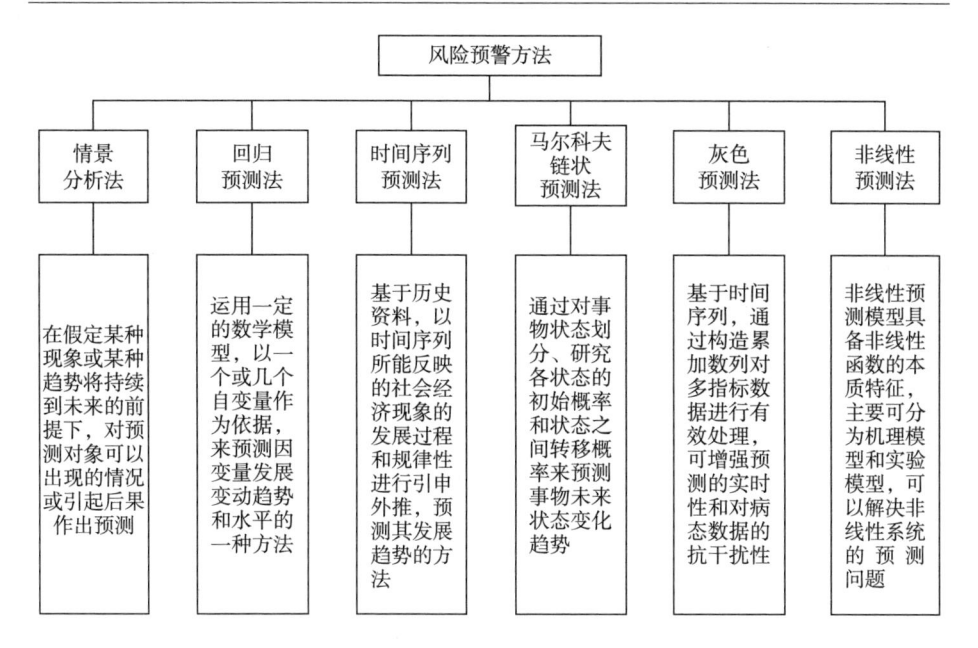

```
                          风险预警方法
    ┌─────────┬─────────┬─────────┼─────────┬─────────┐
  情景        回归       时间序列   马尔科夫   灰色      非线性
  分析法      预测法     预测法     链状       预测法    预测法
                                   预测法
```

| 情景分析法 | 回归预测法 | 时间序列预测法 | 马尔科夫链状预测法 | 灰色预测法 | 非线性预测法 |
|---|---|---|---|---|---|
| 在假定某种现象或某种趋势将持续到未来的前提下，对预测对象可以出现的情况或引起后果作出预测 | 运用一定的数学模型，以一个或几个自变量作为依据，来预测因变量发展变动趋势和水平的一种方法 | 基于历史资料，以时间序列所能反映的社会经济现象的发展过程和规律性进行引申外推，预测其发展趋势的方法 | 通过对事物状态划分、研究各状态的初始概率和状态之间转移概率来预测事物未来状态变化趋势 | 基于时间序列，通过构造累加数列对多指标数据进行有效处理，可增强预测的实时性和对病态数据的抗干扰性 | 非线性预测模型具备非线性函数的本质特征，主要可分为机理模型和实验模型，可以解决非线性系统的预测问题 |

图 2-4 风险预警方法

由图 2-4 可知，学者基于不同数学机理对风险预警模型领域展开研究，风险预警模型较为成熟。但是传统的风险预警手段存在诸多缺陷，如覆盖面狭窄、监测预警指标多样、数据质量差异等问题，不利于进行风险预警工作。因此，本书基于大数据驱动视角，综合现有风险预警模型研究成果，构建大数据驱动下化工园区风险预警模型，为后续风险监测预警模型研究提供理论支撑。

(三) 化工园区风险预警功能

化工园区风险预警通常具备预测、警示及干预的作用，预测是进行风险预警的基础内容，警示是风险管理的重要导向，而干预则是风险管控的主要手段，风险预警就是三者相互作用保持化工园区系统稳定运行。

1. 预测功能

风险预测是风险管理的重要组成部分，它是进行风险管控的基础，风险预警最基础的作用是对园区发生风险的可能性大小及风险发生所产生后果的严重程度进行预测，任何化工园区危险事故的发生都是各种风险要素综合作用的结果,因此在风险预测过程中应充分考虑风险要素的随机性与不确定性特征对园区正常运作的破坏性影响。

2. 警示功能

风险预警系统应结合化工园区风险自动监控系统,借助风险预警模型对风险进行识别、分析、评价和警示,监测与预警相结合是实现有效风险管控的重要途径。

3. 干预功能

风险预警的干预功能包括预先控制和事后纠正两方面内容,其核心要义是保证调整对策的有效性和及时性,二者均是采取相应对策使得偏离安全界限的不安全行为及风险要素调整为安全稳定状态,将风险控制在可接受范围内。

(四)风险预警系统流程分析

根据风险管理相关理论,风险预警系统基本流程如图2-5所示。

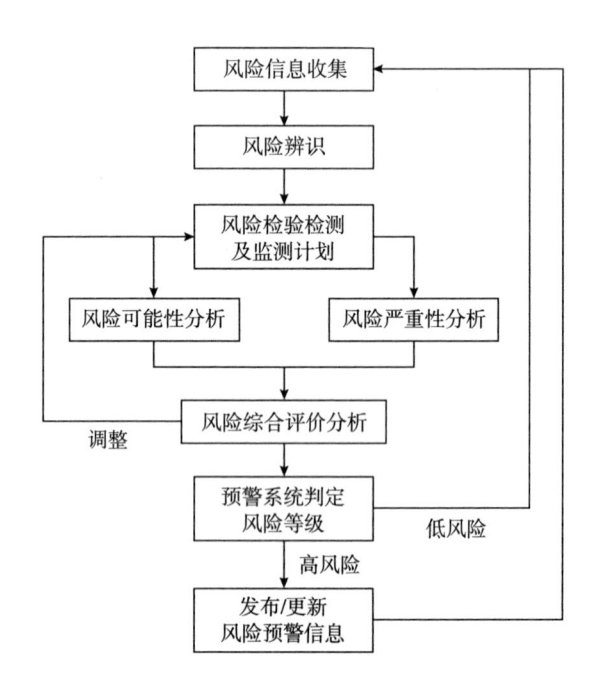

图2-5 化工园区风险监测预警流程

风险预警系统主要包括风险评估及风险预警两部分,其基本功能包括风险信息收集、风险辨识与综合评价、风险等级判定以及监督与反馈等。

1. 风险信息收集

化工园区高危性特征决定安全问题始终是企业关注的焦点,针对园区重大危险源,将风险监测系统与信息管理系统相融合,建立大数据驱动风险监测预警系统,可以弥补风险信息不对称以及数据获取维度窄等缺陷,为风险评估及预测海量风险数据做支撑,同时利用数据可视化技术可以更加简洁明了地呈现风险状态,并根据历史数据预测风险走向。

2. 风险辨识与综合评价

根据收集到的风险监测指标数据进行评估以判断风险状态,分析过去或现在影响系统安全的风险事件,明确风险要素在不同发展阶段的危害程度、概率及成因,提炼风险预警关键指标,识别风险管理重点环节、对象,对其进行持续数据收集和监控,利用评价模型对监测指标数据风险值进行计算,确定风险发生的可能性及严重性,从而实现风险综合评价分析。

3. 风险等级判定

根据风险辨识及综合评价结果,与预设风险警限进行比较以判断风险状态偏离程度,判定风险预警等级,对于低等级风险,管理者需持续监测风险要素变化趋势,开始新一轮风险监测预警循环;对于高等级风险,则需要安全管理部门根据预警信息和事故现场情况及时整改,明确有关部门责任,召集相关人员采取应对措施,直至危机解除;最后利用风险监测预警系统上报风险处置结果、原因分析以及整改措施,完善风险应对防范机制,以提高园区事故预防能力,有效降低事故发生的可能性,避免安全事件造成经济损失,保障园区发展安全。

4. 发布、更新预警信息

预警信息传递是风险管理系统的重要枢纽,对于园区异常事件,风险预警系统应根据预警级别即时自动依程序向风险管理部门发送预警信息。预警信息处理应区别对待，不同等级的风险预警信息处理方式不同，针对超出警戒线范围的风险指标向接受单元发出预警信息并出具风险预警监控报告，包括风险类型、风险内容及风险程度等内容，有助于管理者快速了解风险状态信息；对于处于可接受范围内的预警信息则需持续关注风险状态变动趋势而无须采取应急措施，保证风险管理工作更具针对性。

5. 监督与反馈

园区管理者根据预警信息制定风险对策后，需持续监管风险状态，根据监测反馈结果确定风险管控效果，在风险消失或风险状态相对稳定后作为新的风险信息开始新一轮风险监测预警周期。实时追踪风险信息以判断风险管理活动是否有效，还可以根据风险状态变化及时调整策略以保障风险管控策略的成功。

## 第四节　山东省化工园区风险监测预警现状分析

### 一、山东省化工园区风险监测预警发展现状

山东省作为老牌化工大省，化学工业对当地经济发展具有重要价值，因此政府非常看重化工园区产业发展。近年来，山东省化工园区快速发展，产业规模不断扩大，现已形成相对完善的产业链和产业集群。本书将通过对山东省化工园区发展现状、园区政策法规、园区标准化建设以及智慧园区建设等方面进行分析，以了解山东省化工园区风险监测预警发展现状，并进一步分析其发展的不足，为有效提升山东省化工园区风险监测预警能力提供理论依据。

（一）化工园区总量多，园区发展形式多样

化学工业作为山东省支柱型产业，具备深厚的产业基础，近年来为响应

国家搬迁入园政策号召,大批企业入园使山东省化工园区得到快速发展,发展速度与规模逐年扩大,经不完全统计山东省各类化工园区共计452个,化工园区数量位居全国第一。经过多年发展培育,山东省化工园区生产经营种类繁多,基本涵盖化学产业的所有类别。

(二)化工园区政策法规体系

近年来,化工园区安全事故频发,江苏响水重特大爆炸案、三门峡爆炸案等事故促使山东省高度重视化工园区标准化建设,政府部门根据化工产业发展现状、园区建设需求及安全生产等内容修订完善政策法规,依靠严格的政策引导化工园区发展,2017~2020年相关政策文件如表2-1所示。

表2-1 2017~2020年山东省化工园区政策汇总

| 日期 | 政策名称 | 政策内容 |
| --- | --- | --- |
| 2017年10月 | 《山东省化工园区认定管理办法》 | 对园区规划建设、项目准入、信息化建设、安全生产、环境保护及管理监督等环节做出详细规定,为化工园区建设提供标准 |
| 2018年1月 | 《山东省化工重点监控点认定管理》 | 对认定范围外的化工园区或其他化工生产企业的风险监控点做出补充,提升全省化工产业的本质安全和环保水平 |
| 2018年7月 | 《山东省高端化工产业发展规划(2018~2022年)》 | 针对化工园区长期存在的发展问题,对化工产业体系、生产布局、科技创新能力以及可持续发展水平等方面提出更高要求,以加快化工产业统筹提升 |
| 2019年6月 | 《山东省化工行业和化工园区安全生产专项整治行动实施方案》 | 进一步深化化工园区隐患排查整治活动,加快化工行业专项整治,严格落实企业安全主体责任,关停安全不达标企业,遏制重大事故发生,确保全省化工安全生产形势稳定 |
| 2020年9月 | 《山东省化工园区管理考核标准》 | 进一步细化评分标准,新增信息化建设考核体系,包括综合监管平台、重大危险源覆盖率、风险预警体系等方面内容 |

(三)化工园区标准化建设

提高园区认定标准,整治管理混乱局面。面对全国化工园区安全事故频发的严峻考验,2017年政府出台《山东省化工园区认定管理办法》提高园区认定标准，针对山东省化工园区快速发展所积累的安全问题及发展问题，开始启动全省范围内的安全生产专项活动，对于评级不达标企业不予认定。自2017年开始，山东省共完成7700多家化工企业评级工作，2369家企业因整改不达标而有序退出，到2020年底，山东省规模以上化工生产企业降至2847家，占全国的12%，实现高质发展、高端化工、高效园区的升级发展。

（四）智慧园区建设

近年来，山东省政府积极推广智慧园区建设，着力构建以园区为载体，以平台为支撑，以政策为引导，以应用为牵连跟进产业的数字经济化工产业生态体系，打造在线监测、动态管控、风险预警及应急救援为一体的风险监测监控体系。根据《山东省智慧化工园区建设指南》相关规定，智慧化工园区在部分地区试行。山东省政府公布85家化工园区已初步建成集中的安全、环保监测监控平台，实现园区的基本服务功能，切实提升园区安全管理水平。

## 二、山东省化工园区风险监测预警体系发展问题

根据化工园区安全监管发展现状而言，山东省园区风险监测预警整体仍处于极度不平衡状态，各地区化工园区发展的速度、水平与质量参差不齐，导致园区风险监管体系建设、应急救援资源投入水平、风险管控技术等方面都存在差距。总体而言，与国外先进化工园区相比，我国化工园区风险监管体系建设尚处于改良阶段，大部分化工园区仅仅是简单的风险排查，尚未形成标准化、规范化的风险监测预警模式，综合山东省化工园区风险监测预警建设与安全管理实践，主要存在以下问题：

（一）园区布局分散，缺乏总体安全规划

化工园区整体布局不合理是山东省园区发展的历史问题，山东省化工园区总量多，但是地理位置分散，政府难以形成有效的整体安全规划制度，部分化工园区邻近城市生活圈，存在较大安全隐患。而且我国化工园区大多依托资源地建设，同一地区可能存在多个化工园区且产业同质化现象严重，区

域化工园区发展呈现"小而多"的特点，园区分布密集极易产生相互影响，引发多米诺骨牌效应扩大事故影响范围和灾难程度。

（二）化工园区入园率低，区域应急救援水平联动性不足

虽然政府出台多项政策鼓励化工企业搬迁入园以统一监管，提高风险管理水平，但是据中国石油和化学工业联合会统计，山东省入园率仅为34%左右，各地入园企业比例仍处于较低水平，企业不入园将无法共享园区基础设施及应急救援设备物资，企业应急救援资源投入水平低下直接导致应急救援队伍建设不足，安全事故发生时，化工企业应急预案接口不同也将无法形成有效的区域救援联动，导致应急救援资源浪费、救援效率低下，无法第一时间控制风险以降低事故损失。

（三）园区安全监管机构专业化程度低，风险监管体制不健全

尽管山东省政府出台大量政策文件推动风险监管体系标准化建设，但规划的执行并没有形成约束机制，实际运营仍以营利为目的，只考虑经济效益，没有考虑项目的安全性及园区内上下游产业链关联度等要素，准入机制不健全导致安全问题频发；园区风险监管专业化程度不足，监管体系无法得到充分落实，目前园区管委会作为园区的管理部门，与成熟的专业化管理团队存在一定差距，导致安全排查流于形式，风险隐患无法即时排查清理易酿成事故。

（四）园区风险监测预警技术落后，安全监管信息化程度低

山东省大多数化工园区均已建成监测风险监管平台且实现监测数据接入，但是仅有东营港、聊城、滨州等化工园区试点智慧园区建设，探索现代产业智能化转型发展道路，其他绝大多数化工园区智能化系统建设及配套设施不完善，不能充分发挥大数据平台的智能化预警、智慧化决策功能，管理方式较为粗放，导致园区信息化水平整体偏低，风险监测方式以人力为主，导致风险信息反馈不及时、存在纰漏，可能遗失重要信息，无法满足风险实时监测预警的需求。

# 第五节　大数据驱动下化工园区风险监测预警体系

## 一、大数据驱动理论基础

大数据驱动是运用数据技术对园区系统风险数据进行收集、整理和分析，通过海量历史数据及实时监测数据发掘事故演变规律，构建适用于复杂场景的风险判别算法模型的方法。大数据驱动最本质价值是消除风险评估、预警工作的不确定性。利用风险数据支撑决策，基于海量数据构建算法模型，通过迭代训练提升风险监测预警系统的自动化水平，这是大数据驱动的核心内容。

大数据驱动技术最早起源于计算机领域，在防灾和实时在线监测预警方面具有一定的优势。它提供了一个强大的信息处理和问题解决范例。在数据库中以海量数据为指导，结合实时过程跟踪数据，可以在大量数据中快速提取能够反映研究目标的关键信息，实现基于动态数据变化的需求分析和决策支持，实现大数据驱动系统的功能模块。通过对大量历史和实时监测数据的处理与分析，可以从海量信息中提取有用数据，实现预定功能模块的控制技术，并将仿真系统与实际系统有机结合，实现仿真系统与实际系统之间的动态响应和动态控制，以及实时反馈校正功能，使模型分析结果更加准确可靠，在一定程度上提高园区对系统内部安全形势判断的专业化程度，进行有效的风险预警工作，推动化工园区风险管理工作由知识驱动向大数据驱动转变。

## 二、基于大数据驱动的方法与模型

基于大数据驱动的风险监测预警方法可以分为定量与定性两类，如图2-6所示。定量法可以细分为非监督学习方法和监督学习方法。其中，非监督学习方法包括单变量和多变量两种类型,监督学习方法包括综合性分析方法以及人工智能法。单变量统计方法是根据指标临界值和要素变化趋势对每个指标都进行单独监控,当风险要素高度相关时容易导致预警泛滥;相较于单变量统计方法,多变量统计方法需要的监测指标更少,且更多关注变量间的关联性,能够根据多个变量的演变趋势进行风险预测;综合性分析方法包括 BN 和 HMM 等,基于人工智能的定量分析法主要包括人工神经网络(ANN)、模糊逻辑(FL)和支持向量机(SVM),监督学习方法的大数据驱动模型需要海量数据支撑,人工神经网络和支持向量机都是通过历史数据建立及其学习模型并与实时监测数据相比较,进而开展风险监测预警活动。定性方法主要包括定性趋势分析法(QTA)和专家系统法(ES)两类,对于定

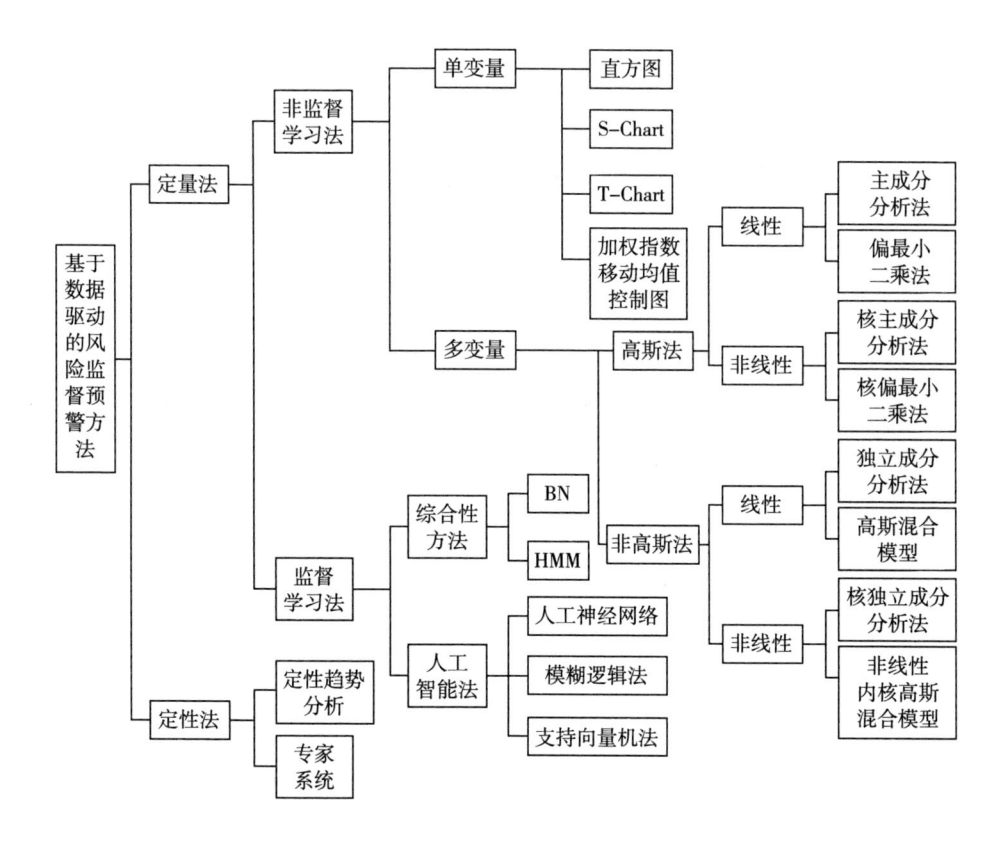

图 2-6 大数据驱动风险监测预警方法

性法的大数据驱动模型，指标数据常被用来描述风险要素状态及未来发展趋势，风险监测预警结果相对准确但是化工园区风险系统时刻处于动态演变过程，这就导致风险数据的计算极为困难，不利于定性风险评价的展开。

### 三、基于大数据驱动的风险监测预警流程

大数据驱动风险监测预警模式是通过实际监测数据与仿真系统模拟数值间的动态反馈进行不断修正，首先将原始风险监测信息输入仿真系统得出总体数据的预测结构特征，其次把仿真系统得出的预测结果与原始系统的实际监测结果进行对比，根据两者之间的关系进行动态调整、校正以适应危险源周边环境的微妙变化，构建大数据驱动智能风险监测预警系统与实际监测系统确定共生仿真系统，其基本流程如图 2-7 所示。

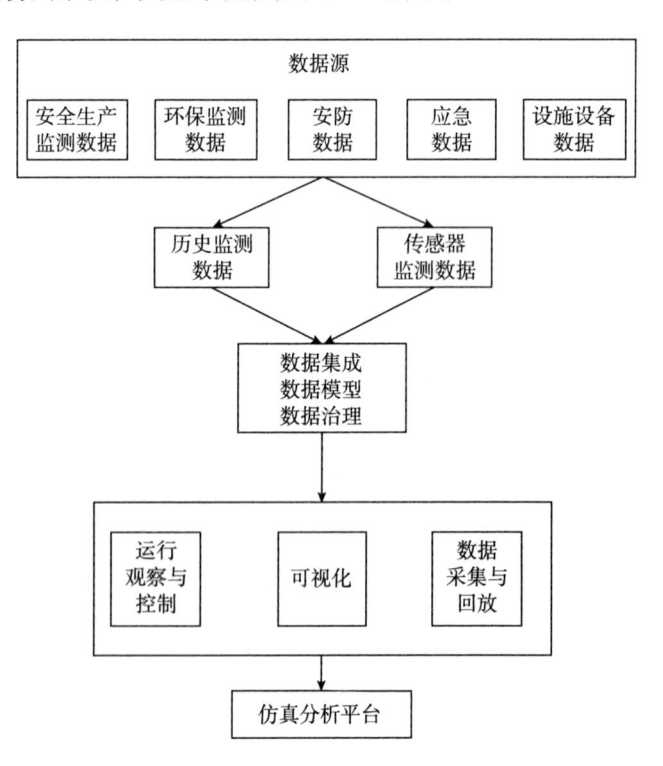

图 2-7 大数据驱动风险监测预警流程框架

## 四、大数据驱动下化工园区风险监测预警体系架构

参考大数据驱动理论体系构建大数据驱动化工园区风险监测预警系统架构，如图 2-8 所示，其基本逻辑如下：

（1）以化工园区风险系统风险要素多指标、多信源指标数据为基础，系统建立化工园区风险监测信息数据库、模型库以及预警数据库，整合历史事故监测数据并解析其内在规律，对化工园区风险状态危险等级及发展趋势进行预测分析。

（2）以历史监测数据为样本对模型进行算法训练，再结合实时监测数据对模型参数做出调整，提高风险预警结果的科学性。

（3）针对化工园区风险源异常状态，风险管理部门应参考风险预警系统的初步结果，优化风险源监测点的选择和布局，以此构建风险源演化过程与监测曲线动态变化和灾害发展过程之间的信息反馈与自动校正机制。

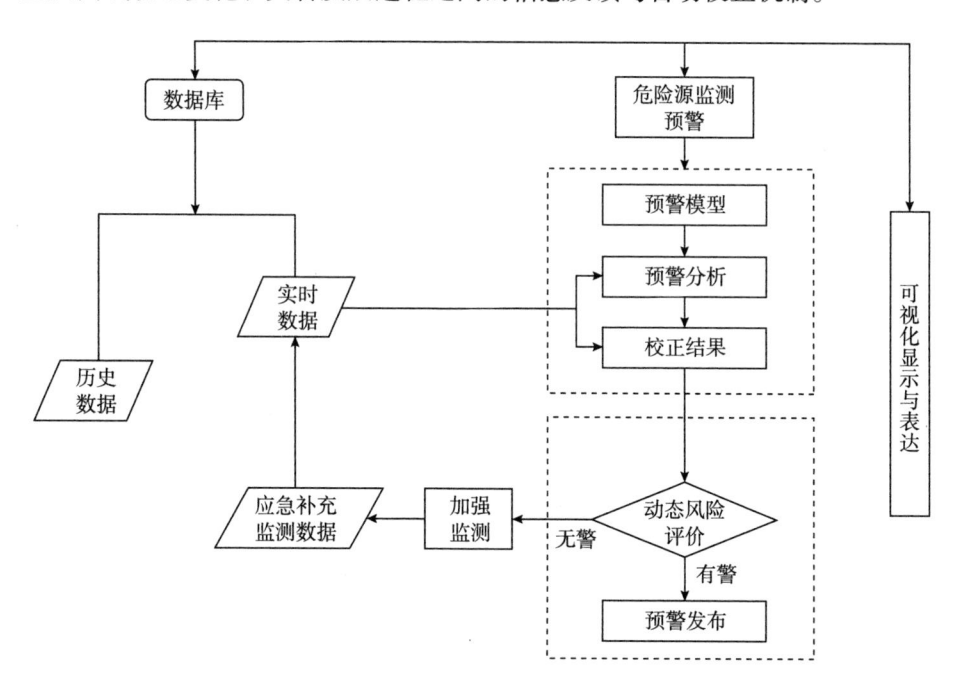

图 2-8 大数据驱动风险监测预警体系架构

## 本章小结

本章介绍了数据驱动下化工园区风险监测预警的相关理论基础。第一节根据化工园区风险特征及风险管控需要，对风险、安全、事故、隐患等概念以及相互关系进行阐述，在参考相关标准和规范的基础上给出对应的数学模型；第二节对化工园区的相关内容，如概念、特征、风险类型、风险特征及风险成因等展开讨论，明确化工园区完善风险监测预警能力的重要性；第三节对风险监测以及风险预警的相关理论、方法及功能展开讨论，明晰各种风险监测预警方法的优缺点及其适用场景，为下文模型构建提供理论依据；第四节对山东省化工园区风险监测预警体系现状及其存在问题展开讨论，详细分析现有风险预警体系的不足；第五节结合前文内容，基于数据驱动视角对化工园区风险监测预警体系架构进行设计，解释数据驱动风险监测预警模型的工作原理及其优越性，表明本书研究内容的重要性及可行性。

# 第三章

# 大数据驱动下化工园区风险监测预警系统机理研究

风险识别是展开风险监测预警的基础工作，本书基于大数据驱动视角下对化工园区风险系统进行初步识别的基础上，运用系统动力学软件构造因果关系图及 SD 流图，研究风险演变各要素间的作用机理模式。

## 第一节　模型边界及假设

化工园区风险系统构成复杂，是系统内部要素与外部环境综合作用的结果，园区系统与外部环境始终处于物质、能量的动态交换过程，这决定了化工园区风险监测预警系统需充分考虑各要素间的复杂作用机理，仅用单一指标数据对化工园区风险进行评价会导致风险评估值与实际偏离，影响风险管理工作的展开。利用系统动力学构建化工园区风险系统作用机理模型，利用反馈回路解释各变量因果关系，最终探索提升化工园区风险监测预警能力的途径。

### 一、确定边界

合理确定风险系统边界是构造系统反馈回路的首要环节，同时也可以避免风险系统框架的设置出现过于庞大或过于狭小问题出现。化工园区风险系统涵盖要素过于庞杂，无法囊括并监测所有要素信息，而且园区风险系统始终保持动态演变趋势，风险信息难以获取，进一步加剧系统边界的界定难度。为保证模型的合理有效，本书在上文的风险基础理论研究基础上，结合专家的意见，确定化工园区系统边界为影响化工园区风险的基本要素，包括环境风险、园区安全状况以及园区管理风险等。

### 二、模型假设

假设 1：化工园区风险系统只受边界内要素相互作用影响，边界外要素情况稳定，无重大事件发生。

假设2：对于系统边界内所确定的要素，如自然灾害等不可抗力要素影响程度有效，不会导致园区系统崩溃。

假设3：管理者会对化工园区风险状态产生一定影响但能力有限，不能完全依靠自身能力达到控制风险的目的。

假设4：物料风险主要考虑危险物质风险，不考虑一般物质对风险系统的影响。

## 第二节 大数据驱动下化工园区风险影响因素分析及模型构建

现阶段，我国化工园区整体安全形势较为乐观，但仍存在众多安全隐患，在特殊条件下极易演化为园区事故，导致化工园区风险率居高不下。化工园区风险系统始终处于动态演变过程，影响园区风险状态的因素很多，呈现明显的非线性结构特征。现代化工园区与信息技术结合呈现智能化发展趋势，信息系统建设成为园区不可忽视的环节。本书依据化工园区环境状态、企业风险状态及园区管理三方面内容对化工园区风险性态演变影响因素进行归纳分析。

### 一、大数据驱动下化工园区环境风险影响因素分析及模型构建

（一）化工园区环境风险影响因素分析

化工园区风险性态演变环境影响因素，主要包括自然环境要素、社会环境要素以及园区内部布局环境要素。

1. 自然环境

自然环境是化工园区所处区域的基本环境状况，能够为园区发展提供必要的资源要素，自然环境对化工园区风险状态的影响，主要体现在自然灾害、环境污染两方面。自然灾害属于突发环境事件，它直接作用于化工园区风险系统，各种自然灾害的发生将使园区系统发生紊乱，而且自然灾害的发生常常伴随生态环境的破坏，地震、泥石流等灾害会对生态环境造成不同程度的破坏；环境污染问题是化工园区发展所面临的主要环境风险，园区活动会产生大量污染物，当污染物进入自然环境中时，会产生空气污染和水污染等，严重限制园区长远健康发展。

2. 社会环境

对于化工园区而言，社会环境要素可能对园区风险状态产生影响的是产业政策、宏观经济形势以及公众风险接受程度。产业政策为化工园区风险管理体系建设提供制度标准，有助于提高园区风险管理水平，同时园区环境风险状态也影响产业政策的制定，当园区环境处于高风险状态时，环境管理压力增大，一方面，政府通过制定严厉的政策以保护环境；另一方面，企业也会增强管理重视程度，提高环境管理投入水平以控制环境进一步恶化。一般而言，区域宏观经济发展形势与化工园区安全管理水平成正比，区域经济越发达，园区会提高安全投入水平以强化风险管理能力，园区发生风险的可能性随之降低，但是，宏观经济高质量发展同样对环境管理提出更高要求，环境管理压力大大增强。

3. 园区内部布局环境

园区布局环境风险主要包括企业布局、功能区划分及交通设施的合理性。我国部分化工园区存在布局风险，化工企业布局密集、功能区划分不符合规定，可能导致重大风险叠加或失控，扩大事故灾难性，而不合理的交通规划，将极大影响应急救援人员的救援效率，错过最佳救援时机。

(二)化工园区环境风险模型构建

根据上文关于化工园区环境风险影响因素，利用各要素的因果关系构建化工园区环境风险性态演变模型。如图3-1所示，化工园区环境风险性态演变是一个循环往复的过程，这个过程受到诸多作用力的影响而发生变化。根据化工园区环境风险流图，一方面，自然灾害、生态破坏、环境污染→自然环境恶化→企业布局紧密、交通规划不完善、功能区划分不合理→园区布局风险增加→化工园区环境风险增加→环境受损状态严重→生态破坏→自然环境进一步恶化，该流程之间的作用关系均为正向关系，在各要素综合作用下，化工园区环境风险增加。

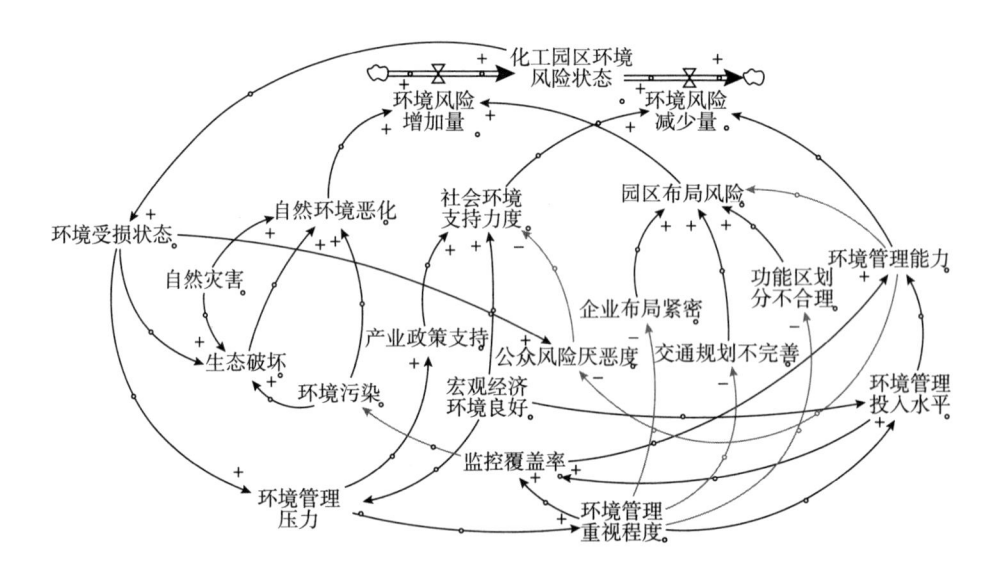

图3-1 化工园区环境风险状态作用机理

另一方面，环境风险管理要素的存在会降低园区环境水平，化工园区环境风险升高导致环境受损状态加重，再加上经济环境对高质量发展的追求，园区环境管理压力增大，促使政府出台严格的产业发展政策指导企业环境治理。同时园区企业也会增强环境管理重视程度，加大环境管理安全投入水平，并通过提高污染源监控覆盖率以监测控制污染物排放，从而降低环境污染程度。同时安全投入水平的增加会提高园区环境管理能力，使得环境风险水平降低，而化工园区环境风险状态就是在两者相互作用下实现动态演化的。

## 二、大数据驱动下化工园区企业风险状况影响因素分析及模型构建

（一）化工园区企业风险状况影响因素分析

1. 人员风险

员工是化工园区系统的最活跃因素，也是园区事故的主要制造者，同时也是最易受事故波及的群体。一方面，员工安全意识缺失、操作不熟练等原因会产生冒险作业、疲劳作业以及违规作业等不安全行为，从而导致安全事故发生；另一方面，年龄结构等生理性因素对园区人员风险程度影响较大，当员工老龄化程度严重时，身体机能下降会导致风险应对能力下降，从而扩大事故伤亡人数。因此，企业应重视员工行为管理，加强安全教育培训，提高员工安全意识以降低事故发生可能性。

2. 设施风险

化工园区生产装置控制复杂、种类繁多、数量庞大，其本身就具备高危性特征，再加上设计缺陷或操作不当等原因会造成设施故障进而直接导致事故发生。监测设施能够实现对设施运行状态的实时监测，及时发现设施异常状态并发出预警，生产设施监测设备故障会导致管理者不能及时发现设施存在的安全隐患，从而导致事故发生；而安全防护措施、维修保养等手段也是保障设施安全水平的重要因素，而缺少日常维修保养使设施极易发生破裂进而直接导致事故发生，安全防护措施失效则会扩大事故灾难程度。

3. 物料风险

化工企业生产经营活动的各个环节离不开物料的参与，不同种类的物料其特性不同，物料种类的增加可能会导致不同化学品之间相互反应从而引发事故；危险物料的实际存量应小于园区的安全容量，否则将超出园区所能承

担的最大风险度；危险物料大多具备易燃、易爆及易腐蚀等特性，若使用不当或管理不善等将导致能量泄漏，引发火灾、爆炸等事故，对化工园区系统构成极大安全隐患；不同危险物料对环境要求不同，高温、高压等特殊环境将会改变危险物状态从而导致事故发生；产品抽检是对园区危险物质进行抽查，通过产品抽查结果确认同类物质状态，确保其处于可控范围内，提升化工园区整体安全度。

(二) 化工园区企业风险状况模型构建

根据上文关于化工园区环境风险影响因素分析，利用各要素的因果关系构建化工园区企业风险性态演变模型。如图 3-2 所示，一方面，冒险作业、疲劳作业、违章作业→人员不安全行为增加→危险物存量、危险物能量、危险物状态→物料不安全状态增加→设施易损性、设施故障程度→设施不安全性增加→化工园区企业风险增加，该流程之间的作用关系均为正向关系，反映了化工园区企业风险要素状态增加量的演变过程。

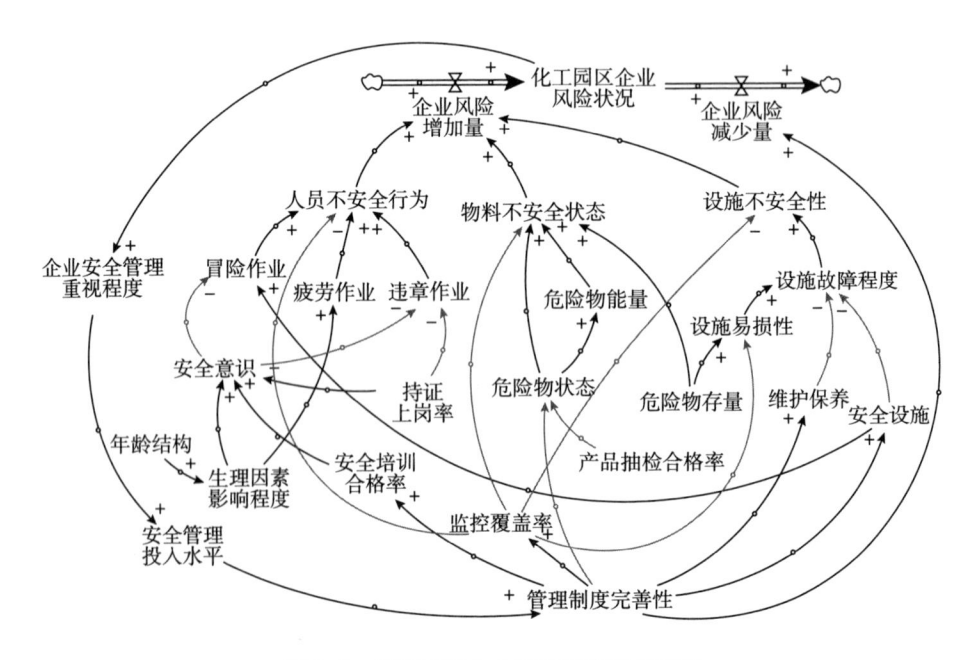

图 3-2 化工园区企业风险状态作用机理

另一方面，化工园区企业风险量增加，会引起企业安全管理重视程度的加深，为降低风险状态，企业往往会选择加大安全管理投入水平，包括资金、知识、人才等资源，进一步完善管理制度，对企业安全生产各环节，诸如安全培训、危险物管理及设施维护保养等内容做出详细规定，尽可能降低人员、物料及设施的风险程度，从而显著减轻企业风险状态。该类风险演变过程是降低企业风险的反馈回路，化工园区企业风险状况就在正、反回路的循环间实现动态演变过程。

### 三、大数据驱动下化工园区管理风险状况影响因素分析及模型构建

（一）化工园区管理状况风险影响因素分析

1. 安全管理

园区安全管理是有效预防和管理风险的重要手段，安全管理水平直接决定园区对风险的把控程度。对于大多数化工园区而言，都已制定了完善的安全生产标准，但由于园区监管力度不足，企业违纪现象仍比较严重。此外，园区安全隐患众多，企业监管不到位，不能时刻确认园区风险状态，安全管理工作的有效性无法得到保障。

2. 信息系统建设

信息系统是化工园区为提高风险监测预警自动化水平，将现代信息技术与风险管理技术深度融合的产物。主要包括监测信息数据化程度、重大危险源覆盖率以及5G网络建设等。监测信息数据化显著提高风险监测信息的精确性与时效性，通过整理分析监测数据可以得出化工园区风险状态及未来发展趋势，帮助管理者更好把控风险态势；重大危险源覆盖率代表了园区对重大危险源监控网络的覆盖程度，通过对重大危险源温度、压力、液位等数据进行监测，可以实现动态风险分析和自动预警，很大程度上增强园区管理能力。

3. 应急救援管理

应急救援是安全事故发生后，化工园区进行紧急处理所采取的措施，应

急救援水平直接决定园区事故的财产损失、人员伤亡等,完善的应急救援体系建设能够帮助园区将事故损失降到最低。

(二) 化工园区管理风险模型构建

根据上文关于化工园区环境风险影响因素,利用各要素的因果关系构建化工园区企业风险性态演变模型。如图3-3所示,在该流程中化工园区管理风险减少量的主要影响因素是安全管理投入水平、5G网络建设及应急预案完善程度,管理风险增加影响要素是无证非法经营和隐患整改不足。根据化工园区管理风险性态作用机理图可知,一方面,管理水平增加会削弱化工园区风险状态,从而会引起政府重视并加强执法检查力度,推动企业标准化建设,提高企业安全管理水平以提高风险管理水平;另一方面,政府重视程度增加也会促使企业加强安全管理投入水平,加速5G网络建设、完善专家库团队建设以及应急物资的筹备情况,从而完善应急预案编制、提高医疗救援及消防救援能力,提升安全人员营救救援素质,使得园区应急救援能力得以增强而提升管理水平。

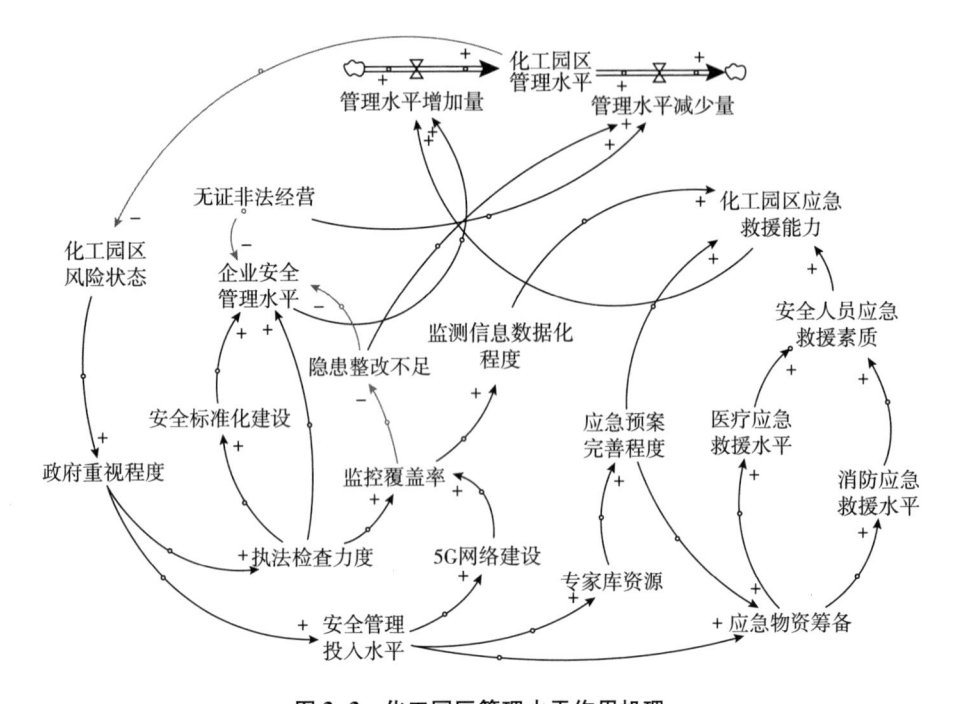

图3-3 化工园区管理水平作用机理

但是，化工园区管理并非没有风险，无证非法经营、隐患整改不足、安全管理混乱等要素都会引起企业安全管理水平的降低，从而导致管理水平的减少而改变化工园区管理水平，这个过程是降低园区管理水平等级的反馈回路。

## 第三节　系统动力学流图确定

根据化工园区风险演变过程及因果关系，本书选取9个指标作为状态变量用以描述风险性态演变过程。其中，自然环境、社会环境、内部布局、人员风险、设施风险、物料风险会加速化工园区风险演变过程，而安全管理、信息系统建设以及应急救援管理等要素则会减缓风险演变进程；选取8个速率变量，用以描述状态变量在不同时间段的演变趋势；同时，选取36个辅助变量，对化工园区风险系统性态演变特点进行描述，最终描绘出大数据驱动下化工园区风险性态演变SD流图，如图3-4所示。

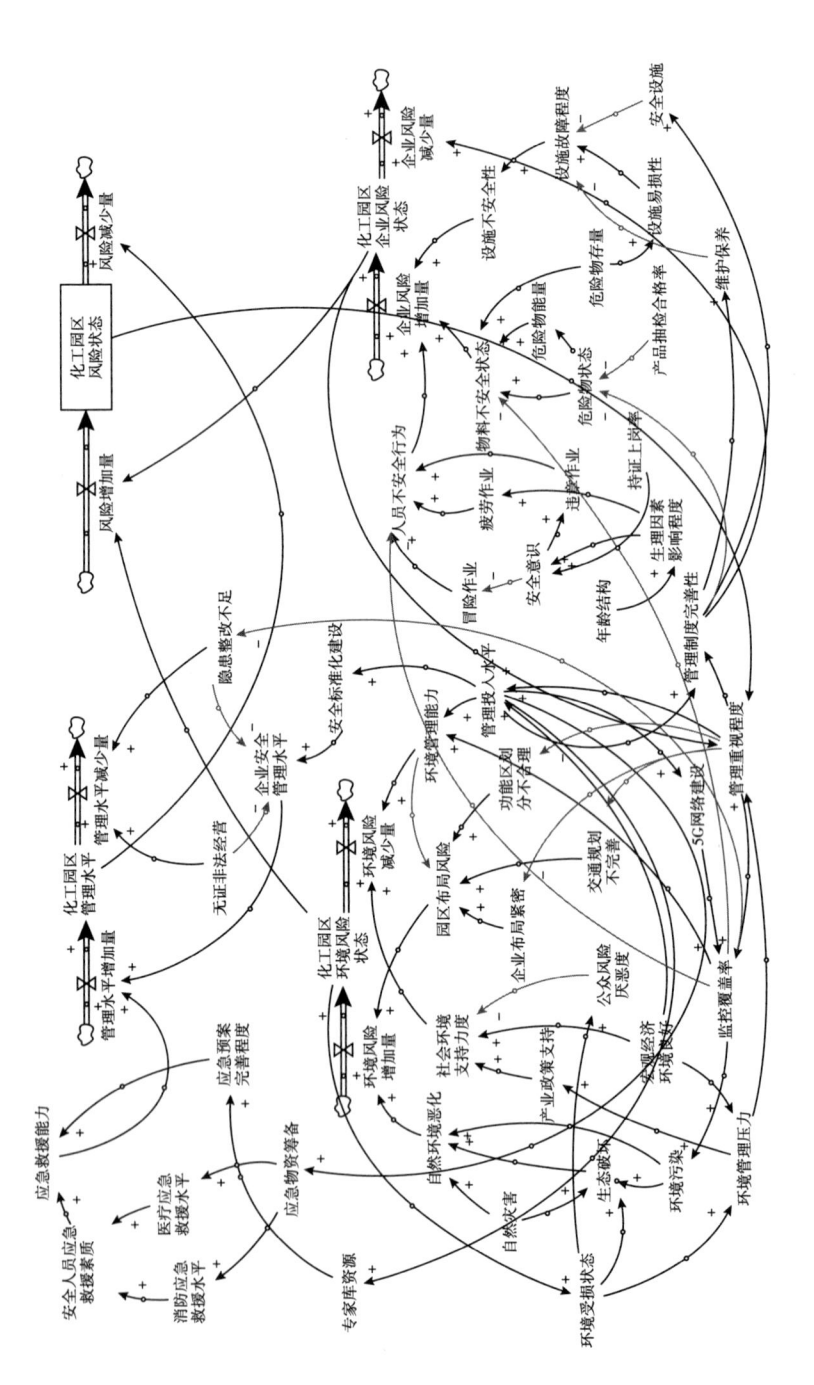

图 3-4 化工园区风险状态作用机理

## 本章小结

本章内容主要构建了数据驱动下化工园区风险系统作用机理模型。首先，在第二章关于化工园区风险相关内容论述的基础上，选取化工园区环境状况、企业风险状况及管理状况等要素作为化工园区风险子系统，并进一步确定化工园区风险系统的模型边界及基本假设；其次，总结分析了各个子系统化工园区风险的影响要素，确定各子系统的因子并分别构建各子系统的存量流量图；最后，将三个子系统流图相结合，进而完成化工园区风险综合模型的构建，明晰各指标要素的作用机理关系，从而为第四章风险监测预警指标体系的构建提供理论依据。

# 第四章

化工园区风险监测预警指标体系构建

# 第一节　化工园区风险监测预警指标体系构建原则

化工园区风险监测预警系统构成复杂,应综合考虑多种要素对化工园区风险系统的影响,其指标选取是否科学、全面,关系到风险监测预警体系的精确性、有效性和可信度,直接影响到化工园区风险管理工作的顺利进行,因此构建风险监测预警指标体系应按照一定的指标设计原则对所选指标进行筛选和确定,为化工园区风险监测预警体系提供指标数据基础。风险监测预警指标体系的构建应遵循以下原则:

## 一、动态性

化工园区风险系统各要素的相互联系是通过动态变化中表现出来的,各要素之间的互动发展需要通过一定时间尺度的指标才能反映出来,因此指标选取应适时反映出化工园区风险要素因环境等要素变化所引起的随机动态变化性。

## 二、系统性

化工园区风险属于复杂系统,系统内部存在众多风险因素,因此各指标之间要有一定的逻辑关系,共同构成统一整体,不仅要从不同的侧面反映出化工园区风险要素的主要特征和状态,而且还要反映一定的各种类型的化工园区风险要素之间的内在联系,从而实现化工园区风险的综合评价。

## 三、独立性

构建风险指标体系要从不同方面体现风险特征和联系,处于同一层次的指标应反映该层次的不同特性,因此同一层次的各指标之间具备逻辑关系的同时应保持相对独立性，相互之间不存在交叉关系。

**四、定性定量相结合**

现阶段，我国化工园区风险评价的主要方法为定性方法，虽然能够赋予人们关于风险的大致感受，但是定性问题不能在操作层面上给予明确的指导。由于风险指标数据量化困难，现有的定量分析方法和手段无法确定明确的风险数值，仅能预测风险范围以确定化工园区风险等级，因此应采用定性定量相结合的风险评价方法以提高风险评价结果的客观性，降低人为干预对评价结果的影响。

## 第二节 化工园区风险监测预警指标体系构建

现阶段，国内外学者基于多个角度提出多种评价指标，为风险监测预警领域研究起到重要的支撑作用，但对于何种评价方法才是适用于化工园区风险有效监测预警指标尚有待检验。通过文献阅读及咨询专家意见，本书认为大数据驱动下化工园区风险监测预警指标主要分为园区环境状况、园区风险特征以及园区管理水平。

大数据时代，风险指标的数据信息是可以查询或者监测获取的，这为识别化工园区风险监测预警指标之间的内部作用机理以及检验指标的有效性创造了前提条件。因此，构建风险监测预警指标体系应尽可能保证所选指标的科学性、全面性、合理性，综合考虑反映园区风险特征的自然因素和社会因素等多项指标信息加以分析。在此基础上，借鉴国内外学者风险监测预警及化工园区风险管理相关领域研究，根据研究对象的实际情况确定反映化工园区风险水平的综合指标体系，综上所述，结合本书第三章内容，依据系统动力学原理所提炼的风险关联要素，本书选取以下指标要素建立大数据驱动下化工园区风险监测预警指标体系。

### 一、化工园区环境状况指标的选取

化工园区环境状况（B1）指标体系包括自然环境风险（N）、社会环境风险（S）以及园区内部布局风险（D）等内容。

（一）自然环境风险（N）

化工园区自然环境风险大多指化工园区生产经营所产生的污染物排放到环境中对生态系统造成损害的可能性。同时自然灾害也会反作用于园区系统，影响园区发展。

因此，自然环境风险要素评价指标可以从以下三方面进行构建：

1. 自然灾害风险（N1）

自然灾害风险指地震、台风、洪水及泥石流等极端天气直接作用于化工园区而引发的安全事故，自然灾害是导致化工园区风险系统异常的重要外因，常用灾损率表示自然灾害对区域经济发展产生的影响程度。

2. 生态安全等级（N2）

生态安全是化工园区所处区域不受生态破坏及环境污染影响的保障程度，降低生态环境退化对化工园区发展造成的威胁程度。现阶段，影响区域生态安全等级的因素主要包括绿化覆盖率和水土流失率两方面，绿化覆盖率越高、水土流失率越低，区域生态安全等级越高。

3. 环境质量等级（N3）

环境质量指人类活动对环境造成损害的风险等级，化工园区生产活动所产生的污染物及火灾、爆炸等引起的危险物泄漏极易对周边环境产生影响，根据化工园区环境风险可能性及危害程度，环境质量评价指标主要包括空气质量和水环境质量。

## （二）社会环境风险（S）

化工园区企业安全生产与社会经济发展呈对立统一关系。一方面，高水平安全生产对社会经济起到保障和支持作用，主要体现在保障劳动力安全及生产的稳定运行等方面；另一方面，社会经济发展为化工园区安全生产提供物质基础，决定着企业安全生产状况，经济发展水平越高，人们安全意识越强烈，越能促进安全生产工作，同时，经济发展决定人们安全知识与技能掌握水平，为安全生产提供必要理论指导。

因此，化工园区社会环境状况评价指标包括以下内容：

### 1. 产业政策支持力度（S1）

产业政策对园区发展起着积极的导向作用，弥补了企业在园区布局规划、安全生产等方面的不足，同时能够引导社会资源向园区倾斜，助推化工园区转型升级，产业政策支持力度则表示产业政策与化工园区发展规划的契合程度，契合程度越高，园区发展所面临的产业政策风险越低。

### 2. 宏观经济形势（S2）

宏观经济对化工园区的影响主要体现在市场规律对化工园区发展的调节作用，目前我国宏观经济形势更加倾向于高质量发展以及稳定增长，因此对化工园区安全发展提出更高要求。

### 3. 公众风险接受程度（S3）

风险接受程度影响公众对化工园区各类风险的认知及接纳程度，包括各类风险发生条件、严重程度及自救措施等，随着公众对园区风险了解程度加深，园区事故所引发的群众恐慌及人员伤亡程度将大大降低。

## （三）园区内部布局风险（D）

园区内部布局指化工园区内部各企业单位的平面布局规划，园区布局需考虑的因素包括主导风向、地势落差、产品类别、生产工艺、物料供应及功能区分布等内容，园区布局合理性有利于各类生产要素的优化配置，产业链的完善以及促进产业结构有序调整和优化升级，更重要的是能够根据园区内不同的安全隐患问题划分风险等级,设置安全隔离带,避免危险爆炸等事故发生。目前我国大多数园区尚未划定企业集中区,致使危化品生产、经营、运输活动处于无序状态,同时也使园区平面布局不合理,化工园区内部潜藏众多安全隐患,当安全事故发生时引发连锁效应,造成严重的园区事故和经济损失。

因此,化工园区内部布局风险评价指标包括以下内容:

1. 企业选址(D1)

化工园区选址表示化工产业集群拟建位置及范围,包括地理位置、面积规模、四周边界及隔离带等要素,其决定化工企业风险管理的难易程度。化工园区选址应满足城市发展总体规划,严格遵循国家相关标准,将安全放在首位。

2. 功能区划分(D2)

化工园区危险源众多,如果功能区划分不合理,不同危险程度的设施或物质储存于同一场所极易产生连锁反应,连锁事故发生概率变大将扩大事故发生的可能性。

3. 交通布局(D3)

化工园区交通布局规划决定了园区交通系统的畅通程度,合理的线路布局将大大节约运输能耗,提升交通环境承载力,降低运输风险,满足货物运输、人流畅通、应急救援通行需求。

## 二、化工园区风险特征指标的选取

化工园区风险特征(B2)指标体系包括人员风险(P)、设施风险(E)以及物料风险(G)三部分。

(一)人员风险(P)

人员主要指化工园区内部工作人员,包括操作人员、管理人员、事故现场人员及相关人员。员工是化工园区系统最活跃的因素,同时也是最易受事故波及的要素，员工的不安全行为是导致风险发生的重要因素，因此应重视员工行为管理，消除或降低事故发生可能性。

因此，化工园区人员风险评价指标包括以下内容：

1. 安全培训合格率（P1）

安全教育培训能提高员工安全意识，有利于贯彻各项安全生产法规和政策，帮助员工抓好安全生产知识，提高安全操作水平，掌握紧急情况下的应对措施，从而为避免和减少伤亡事故奠定基础。因此，接受安全教育培训的员工比例越高，安全事故发生时对人员造成的伤亡程度越低。

2. 持证上岗率（P2）

员工安全教育培训指为提高员工安全生产意识及素质所进行的安全教育培训，包括安全生产法、安全生产规章制度、安全生产知识与技能等方面，帮助员工掌握熟悉风险管理相关规章制度，提高风险应对能力，有效提高员工的风险排查和抵抗能力，减少突发事故所造成的人员伤亡，大大降低区域脆弱性程度。

3. 三违率（P3）

员工操作失误、指令执行不正确、误操作、使用不安全装备、过度强调生产等违章行为是导致事故发生或产生风险的主要原因，员工违章行为不仅会影响项目整体进度，还会对他人及环境等其他要素产生影响。

4. 人员密度（P4）

人口密度指化工园区单位面积人口的数量，常用来反映人口疏密程度，园区系统单位面积人口密度越大，安全事故发生所导致的人员伤亡程度越大，单位面积脆弱性越高。

5. 年龄结构（P5）

年龄结构在一定程度上可以表示为化工园区人员脆弱性，幼年及老年群体相较于青壮年群体而言，行动能力不便、风险应对能力不足等问题导致幼年及老年群体处于劣势地位，更容易受到园区事故波及。

## （二）设施风险（E）

化工园区生产、贮存等设施种类众多，设备操作复杂，动态与静态设备并存，通常会因为设备故障、操作失误、安全防护措施缺失等原因造成安全事故发生。

因此，化工园区设施风险评价指标包括以下内容：

1. 设施暴露性（E1）

设施暴露比例指化工园区系统设施暴露在风险场的区域面积百分比，单位面积内设施暴露比例越大，受到事故波及而造成设备损伤的概率越大，导致区域脆弱性程度加大。

2. 设施先进性（E2）

化工园区应通过及时更新换代以保障设施先进性，一方面，技术以及安全标准的更新进一步提高设施安全水平，提升设施平稳运行能力，降低设施故障导致事故的可能性；另一方面，新一代的安全设施能够适应化工园区安全发展需要，尽可能降低事故对园区造成的损害程度。

3. 安全防护设施（E3）

现代化工园区设施装置具备大型化、连续性强等特征，生产装置、贮存设施等分布密集，设施故障极易引发多米诺骨牌效应，因此应设置安全防护设施，通过加强建立设施防护装置及事故缓冲地带减缓事故影响范围和危害程度。

4. 设施管理制度完善程度（E4）

设施的正常运作是园区安全生产的根本，设施管理制度是企业为追求设施综合效率所建立的规章制度，包括设施运行管理、保养维护、设备检修等，设施管理制度的缺失将增加设施风险度，因此应建立健全设施管理制度，保障设施运行的连续性以及安全性。

## （三）物料风险（G）

物料主要指化工园区内部存在的各种类型的危险物质，物料的不安全状态是导致园区事故发生的物质基础，其构成化工安全事故的隐患和危险源，特殊条件下会演变为安全事故。

因此，化工园区物料风险评价指标包括以下内容：

1. 危险物质种类（G1）

化工产品的危险性源于化工企业生产所需原料及产成品均为化学品，部分产品为危化品，具备易燃、易爆及有毒等特性，决定了化学生产、运输、储存、使用、废弃等环节危险性较高，化工园区危险物质种类越多，园区系统所面临的风险程度越高。

2. 危险物质存量（G2）

危险物质数量指化工园区内存存储危化品等危险物质的总量，学者常用安全容量表示化工园区正常生产经营活动条件下所能承受的最大危险量。危险物质储存总量与安全事故严重程度成正比例关系，储存总量越大，事故所造成的损失程度越大。

3. 危险物质能量（G3）

危险物质能量直接影响到事故发生的危害程度，化工园区系统存在诸多可能发生意外而释放能量的危险物质，而且化工产品的生产过程实际上也是能量利用、转换和消耗的过程，部分企业生产工艺落后且化工作业大多在高温高压条件下进行，操作不当极易引发安全事故。

4. 产品抽检合格率（G4）

化工园区企业原料、半成品及产成品大多具备危害性质，在特殊条件下极易发生化学反应从而导致事故发生，因此企业提高化学产品安全性，最首要内容是保障化学产品质量，对抽查中产品质量不合格的企业依法进行处理，责令其限期整改。

**三、化工园区管理能力指标的选取**

化工园区管理能力（B3）指标体系主要包括安全管理水平（M）、信息系统建设水平（I）以及应急救援管理水平（R）。

## （一）安全管理水平（M）

化工产业流程复杂、原料多为危化品，相较于其他类型产业风险系数高。化工企业安全管理对于提前发现并消灭安全隐患具有重要作用，可以大大降低园区安全事故发生率。

因此，化工园区安全管理水平评价指标包括以下内容：

1. 隐患整改率（M1）

隐患整改完成率是企业对于园区内部所排查出的安全隐患问题与安全隐患经整改达到安全状态的比率，表示化工企业关于园区系统内部隐患问题重视程度，关乎企业的安全、稳定、持续发展。企业应建立隐患排查及整改机制，根据隐患落实情况登记入档，提高隐患控制水平。

2. 危化品经营许可证持有率（M2）

无证非法经营指化工园区内部企业尚未取得相关部门批准的经营许可证而擅自进行生产的行为。无证经营企业本身属于违法行为，可能生产的各方面不符合相关部门的规定，抑或没有按照法律有关规定进行经营，这类企业生产行为存在较大安全隐患，应按照相关规定对非法经营企业进行查处，保护园区其他企业的合法权益。

3. 执法检查重视程度（M3）

执法检查重视程度表示化工园区对危化企业执法检查的力度，与一般化工企业相比，危化企业生产经营各环节风险值偏高，因此应加大危化企业生产、贮存、运输、使用等环节的抽查力度，实现全过程信息化监管。

4. 安全标准化水平（M4）

安全标准化指化工园区根据国家标准进行生产经营活动的标准化程度，企业应建立健全安全管理标准化制度，提高安全生产水平、及时排查安全隐患、切实保障人民的生命健康安全。

5. 污染物处理风险（M5）

化工园区生产活动所产生的各类污染物往往具备易燃、易爆、有毒有害、刺激性及腐蚀性等特点，化工企业应根据污染物特性有针对性地制定污染物处置方式，改进污染物处理工艺，切实保障化工企业与生态环境的良性发展。

（二）信息系统建设水平（I）

化工园区风险管理信息系统是现代信息技术与安全管理深度融合发展的产物，帮助企业建设可监控、可视化、可溯源、可防控的一体化安全生产平台，符合化工园区风险防控相关建设要求，并快速帮助企业提升本质安全水平。

因此，化工园区信息系统建设水平评价指标包括以下内容：

1. 危化企业监测信息数据化程度（I1）

监测信息数据化程度表示化工园区企业运用危化品安全生产风险监测预警系统对企业自查、市级检查、省级抽查情况进行数据录入情况，企业应保障隐患问题百分百线上录入率，实现园区风险与政府监管部门数据对接，强化重大风险管控。

2. 重大危险源监控覆盖率（I2）

重大危险源监控覆盖率指园区内部重大危险源的监控覆盖程度，企业应利用现代信息技术和各种先进的风险监测手段，对系统内存在安全隐患的危险源进行实时监测，允许管理者实时了解各类风险要素的现状，预测风险要素变化趋势并提前采取措施进行有效防控。

3. 5G网络建设水平（I3）

5G是化工园区智能化改造的基础，为搭建智慧化工园区提供通信网络支撑。同时，5G结合AI、物联网以及大数据等技术，为园区安全生产提供更加智能化的手段。基于5G信息传输的智能化风险监测预警系统，能够快速响应、主动监管园区安全态势并发出警示信息，从而为化工园区风险监管的安全高效提供保障。

（三）应急救援管理水平（R）

应急救援管理指化工园区系统面对突发安全事故或预测风险将超越可控范围的过程中，根据事先指定的应急计划有序开展紧急防护行动的能力，目的是控制事故发生或损失扩大，降低人员伤亡和经济损失，关系到企业生产活动、社会形象甚至企业的长远发展。大数据技术可以显著提高应急抢险部门间的协调性和事故救援活动的平衡性，为园区开展应急组织活动提供便利。

因此，化工园区应急救援能力评价指标包括以下内容：

1. 专家库资源（R1）

专家库是化工园区为促进园区企业安全生产和高质量发展所启动的安全应急专家团队，充分发挥各领域专家在安全生产和应急管理中的决策咨询和技术支撑作用。园区应高度重视应急专家库资源建设，通过安全培训等形式打造高素质安全人才队伍，促进化工企业高质量发展。

2. 应急预案健全程度（R2）

应急预案是化工园区根据国家关于安全生产等领域法律法规，结合化工园区发展实际和特点所编制的应急处置和救援工作的规范性文件，目的在于提高突发事件总体应急救援能力，当安全事故发生时能够有效实施抢险救援，防止事故扩大，最大限度降低人员伤亡和财产损失，减少事故造成的危害。

3. 安全人员应急救援水平（R3）

化工园区安全人员是应急救援活动的直接参与者，其应急救援水平直接关系园区救援活动的效率和效果，因此企业应特别关注安全人员应急能力建设，重视其专业知识技能培训，通过军事化管理达到应急救援管理活动标准，并利用演习活动提升安全人员应急救援素质和设备设施的实际操作能力。

4. 消防应急救援能力（R4）

消防应急救援能力建设是化工园区应急抢险活动顺利开展的重要保障，首先，化工园区应与周边消防队伍签订协议，以消防队伍为核心建设园区消防应急救援体系；其次，邀请消防队伍有针对性地开展消防安全教育宣传工作，提升员工消防安全意识与能力；最后，消防队伍应帮助排查化工园区安全隐患并及时发布消防安全提示，指导园区企业落实安全责任和防范措施。

## 5. 医疗应急救援能力（R5）

化工园区危险品众多，一旦发生事故需及时、专业的医疗救援，完善的医疗应急救援体系能够最大限度保护劳动者的生命健康，同时迅速控制事故人员波及范围和事态发展，其不仅担负着园区突发事故时的专业医疗救援，还能承担园区日常的职业卫生工作指导和医疗服务，但医疗应急救援队伍缺失是我国大多数化工园区的通病，因此园区应完善应急卫生医疗体系并配备医疗急救场所及医疗救援装备，切实提高园区应急医疗救援能力。

## 6. 应急物资保障情况（R6）

应急救援物资是园区开展应急救援活动的物质基础，园区应加强物资储备管理工作，根据法律法规相关标准储备应急物资，建立健全园区应急物资共享机制，配备物资物料专员进行点检、维护，全面掌握应急救援物资的储备情况，及时、准确地更新物资储备动态变化并加以补充，保障应急救援物资供应充足。

## 四、化工园区风险水平评价指标体系

根据上述内容，结合系统动力学风险性态演变机理，最终确定化工园区风险水平评价指标体系由 1 个目标层、3 个方案层、9 个因素层和 36 个指标层构成，如表 4-1 所示。

表 4-1 化工园区风险监测预警指标体系

| 目标层 | 方案层 | 因素层 | 指标层 |
| --- | --- | --- | --- |
| 化工园区风险监测预警指标体系（A） | 化工园区环境状况（B1） | 自然环境风险（N） | 自然灾害风险（N1） |
| | | | 生态安全等级（N2） |
| | | | 环境质量等级（N3） |
| | | 社会环境风险（S） | 产业政策支持力度（S1） |
| | | | 宏观经济形势（S2） |
| | | | 公众风险接受程度（S3） |

续表

| 目标层 | 方案层 | 因素层 | 指标层 |
|---|---|---|---|
| 化工园区风险监测预警指标体系（A） | 化工园区环境状况（B1） | 园区内部布局风险（D） | 企业选址（D1） |
| | | | 功能区划分（D2） |
| | | | 交通布局（D3） |
| | 化工园区风险特征（B2） | 人员风险（P） | 安全培训合格率（P1） |
| | | | 持证上岗率（P2） |
| | | | 三违率（P3） |
| | | | 人员密度（P4） |
| | | | 年龄结构（P5） |
| | | 设施风险（E） | 设施暴露性（E1） |
| | | | 设施先进性（E2） |
| | | | 安全防护设施（E3） |
| | | | 设施管理制度完善程度（E4） |
| | | 物料风险（G） | 危险物质种类（G1） |
| | | | 危险物质存量（G2） |
| | | | 危险物质能量（G3） |
| | | | 产品抽检合格率（G4） |
| | 化工园区管理能力（B3） | 安全管理水平（M） | 隐患整改率（M1） |
| | | | 危化品经营许可证持有率（M2） |
| | | | 执法检查重视程度（M3） |
| | | | 安全标准化水平（M4） |
| | | | 污染物处理风险（M5） |
| | | 信息系统建设水平（I） | 危化企业监测信息数据化程度（I1） |
| | | | 重大危险源监控覆盖率（I2） |
| | | | 5G网络建设水平（I3） |
| | | 应急救援管理水平（R） | 专家库资源（R1） |
| | | | 应急预案健全程度（R2） |
| | | | 安全人员应急救援水平（R3） |
| | | | 消防应急救援能力（R4） |
| | | | 医疗应急救援能力（R5） |
| | | | 应急物资保障情况（R6） |

## 本章小结

本章基于化工园区风险性态作用机理模型，对各个子系统的风险影响因子展开论述，按照动态性、科学性等指标构建原则建立数据驱动下化工园区风险监测预警指标体系，得到3个方案层、9个因素层和36个指标层的指标体系。

（1）化工园区环境状况（B1）指标包括自然环境、社会环境及园区布局环境等。

（2）化工园区风险状况（B2）指标包括人员风险、设施风险及物料风险等。

（3）化工园区管理能力（B3）指标包括企业管理、信息系统建设及应急救援管理等。

# 第五章

## 大数据驱动下化工园区风险监测预警模型建立

# 第一节 大数据驱动下化工园区风险监测预警数据转换方法

## 一、风险监测数据的多源异构性分析

风险数据的收集、整理、分析、评价是化工园区进行风险管理活动的基础，从某种角度来看，化工园区系统各类风险运动都可以通过数据形式进行量化分析。互联网时代，在现代信息技术支持下，管理者可以利用风险监控设备实时掌握园区风险系统状态并进行评估，根据风险评价结果预测风险未来变动趋势。但是目前化工园区不同风险数据库数据来源及结构特征各不相同，呈现多源异构性特征，而且大多数风险监测指标数据零散、低效、异构，不同风险管理部门相对封闭孤立，园区进行复杂风险决策分析及多维运算时效率低下。

数据多源异构性及"信息孤岛"效应的存在对化工园区风险数据集成及实时处理能力提出更高要求。大数据环境下多源信息融合问题需要从理论、方法、技术与应用四个视角展开讨论。在理论层面探讨多元表示原理、相关性原理、意义构建等支撑理论，在方法层面涉及贝叶斯、D-S证据、神经网络等算法，在技术层面涉及历史数据与实时数据的融合、线上线下数据融合、内部数据与外部数据融合、传感器数据与社会数据融合等问题。

大数据驱动下化工园区风险指标监测数据主要来源于以下四个方面：

（1）园区化学品监测数据收集，主要记录化工园区内部危化品生产、存储及运输等流程风险状态信息数据采集。

（2）园区装置、设施及场所风险状态信息数据，包括运行状态、故障信息等。

（3）可视化技术应用数据，大数据及人工智能等信息技术逐步取代传统风险管理模式，风险数据可视化技术可以满足复杂的数据分析与处理需求，但是其运行过程会产生海量数据。

（4）人工记录数据，不同安全管理员使用信息收集方法、记录形式及记录习惯等方面存在差异，风险数据记录格式、结构存在差异，导致风险监测收集数据与历史数据差异较大。

随着化工园区风险监测预警信息系统建设趋于完善，化工产业积累海量多源异构风险历史数据，因此如何快速发现其中有价值者成为学者研究的主要方向。由上述内容可知化工园区风险系统大数据来源多样，可能来源于遥感、卫星、传感器等机器设备，也可能来源于人工数据采集，还可能来源于统计年鉴、问卷调查及实地考察等统计数据，风险监测指标数据的多源异构性直接导致各项指标的监测数据在数据精度、获取频率及实践尺度等方面可能会存在结构粒度上的差异，这对化工园区风险管理工作造成巨大挑战。

如图5-1所示，化工园区系统风险指标数据进行多源异构融合分析的本质是在风险信息数据分析的基础上进一步进行集成融合以提高数据分析速度与精度，因此进行信息融合前应进行数据预处理工作，保证风险监测设备及其他信息采集渠道能准确反馈当前风险数据并保障历史数据完整存储入库。首先，从采集到的海量风险数据中剔除冗余、无效数据，对于不完整的原始数据直接忽视或进行插补；其次，数据集成是在数据清洗基础上，对复杂系统的多个数据库或数据文件中的风险指标数据进行多源数据合并处理；再次，数据变换是预处理流程的关键环节，主要内容是根据函数变换或维变换实现对数据表达方式的变换以及度量单位的统一表达；最后，数据规约则是根据风险监测预警需求提取数据核心特征，以便大数据处理工作更加高效、准确地进行。

数据清洗 〉 数据集成 〉 数据变换 〉 数据规约

图5-1 多源异构数据预处理流程

## 二、风险监测数据的不确定性分析

大数据时代风险监测数据不确定性主要表现在以下六个方面：

（1）大数据时代指标数据呈爆炸性增长，但是数据缺失比例相应扩大，风险监测数据可能存在缺失值或异常值等现象，导致数据处理工作难度倍增。

（2）风险监测数据在数量上可能并不精确，用户难以收集到所有相关数据，数据量的大幅增加会导致风险规律的丧失与严重失真。

（3）风险监测数据变化趋势可能存在多种状态，人们难以及时、准确地把握指标数据动态变化。

（4）风险监测数据来源不同且具备多层结构，各种类型信息混杂在一起会造成大数据的混乱，不同监测数据之间可能存在冲突。

（5）园区风险状态呈动态变化特征，风险监测数据可能随时间推移发生变化。

（6）数据断裂导致监测数据缺乏结构化，过分追逐新技术可能破坏监测数据的完整性和真实性，忽视数据背后的真实意义。

现阶段，学术界关于化工园区风险决策分析方法大多基于概率论与数理统计方法量化和表达风险评估中的不确定性问题，但是化工园区风险监测预警系统实际工作过程中，风险管理者往往需要在风险指标数据不完全、不确定、不精确前提下对园区风险状态进行监测和描述，甚至进行风险监测、评价、分析及预警工作。由于化工园区风险系统是一个复杂的综合系统，现有风险监测手段仅能收集到有限的风险信息，难以准确描述园区实际风险状态；此外，关于风险动态趋势预测仅对某些离散数据进行拟合分析，计算研究对象在整个时间段的分布规律及运动轨迹。根据统计学相关理论可知，基于确定性数据对变量变化趋势的预测会有一定程度的不确定性，由此推知基于不确定性数据的预测结果将具备更大程度的不确定性，甚至得到错误结果。

### 三、基本信任分配函数转换方法

传统风险监测系统大多采用单信源监控方法，但是单一的监控手段和预警机制容易受到机器设备及其他条件的干扰，而且监测设备一旦受到损坏，就容易导致风险监测设备失灵。依托现代信息技术所建立的化工园区风险监测系统，可以帮助化工园区实时获取园区系统各项风险评价指标的状态数据，基于多信源的监控系统有助于提高监测数据精度、减少信源失效的影响，通过融合多源风险指标数据可以有效提高风险预测结果的科学性，但是在对监测数据进行层次化融合的过程中不得不考虑监测指标的重要性和信源的可靠性问题；而且多信源监测预警体系容易出现信息冗余甚至产生冲突，导致模型运算难以有效进行。

目前，基于模糊数学、信息融合及概率理论等领域技术方法进行融合决策处理是学术界的常用方法，信息融合的本质是不确定性问题的推理过程，通过对集合性数学理论进行研究分析，考虑数据模型的包容随机性、模糊性、不完备型、有协调性以及非恒常性等特征对不确定性数据进行转换融合，这在某种程度上降低了监测数据不确定性对预测结果的干扰作用。而且保证了化工园区风险监测预警"一票否决"及"风险红线"等管理原则得以实现。

D-S证据理论属于目前较为成熟的不确定性问题推理方法，是将证据理论应用于解决多属性决策和群决策问题的一种新方法。化工园区风险监测预警属于多主体决策问题，这个主体可以是不同专家学者的预测，也可以是不同传感器数据，还可以是不同分类器的输出结果等。

证据理论可以完美解决多个决策主体融合问题。利用证据理论进行信息融合处理是在无任何假设前提下将数据的不确定性概念引入模型计算，利用区间估计描述不确定性信息，对于区分风险监测指标数据"不知道"与"不确定"具备较强的灵活性，这些信息通过mass函数表示并在信息融合的过程中得以保留，而且证据理论无须满足概率可加性条件，因此已在信息融合、专家系统、情报分析以及多属性决策等众多领域得到推广与应用。

[定义1] 设基本概率分配函数（Basic Probability Assignment）是一个的 $2^\Theta \rightarrow [0,1]$ 的函数 m，$\Theta = \{1, 2, \cdots, n\}$，以下简称 mass 函数，其满足以下条件：

$$\begin{cases} \sum_{A \subseteq \Theta} m(A) = 1 \\ m(\emptyset) = 0 \end{cases} \tag{5-1}$$

其中，$m(A) > 0$ 的 $A$ 称为焦元。

[定义2] 信任函数（Belief Function）：在识别框架 $\Theta$ 上基于基本概率分配（BPA）m 的信任函数定义为：

$$Bel(A) = \sum_{B \subseteq A} m(B) \tag{5-2}$$

$Bel(A)$ 也称为下限函数，表示对 $A$ 的总信任程度，具备以下特点：

$$\begin{cases} Bel(\theta) = m(\theta) = 0 \\ Bel(\Theta) = \sum_{B \subseteq \Theta} m(B) = 1 \end{cases} \tag{5-3}$$

[定义3] 似然函数（Plausibility Function）：在识别框架 $\Theta$ 上基于基本概率分配（BPA）m 的似然度函数定义为：$Pl(A) = 1 - Bel(\bar{A})$

其中，$\bar{A} = \Theta - A$。似然函数表示不否定 $A$ 的信任程度，似然函数有以下特点：

$$\begin{cases} Pl(\theta) = 0 \\ Pl(\Theta) = 1 \end{cases} \tag{5-4}$$

信任函数与似然函数的关系：$Pl(A) > Bel(A)$

[定义4] 信任区间：在证据理论中，对于识别框架 $\Theta$ 中的某个假设 A，根据 BPA 函数可以分别计算出信任函数和似然函数，用于组成该假设的信任区间 [$Bel(A)$, $Pl(A)$]，该区间表示风险指标要素的不确定性程度。

[定义5] Dempster-Shafer 合成规则：对于 $\forall A \subseteq \Theta$，假设空间上的 mass 函数 $m_1 \oplus m_2 \oplus \cdots \oplus m_n$ 的合成规则为：

$$m(A)=(m_1\oplus m_2\oplus\cdots\oplus m_n)(A)=\frac{\sum_{A_1\cap A_2\cap A_3\cap\cdots\cap A_n=A}m_1(A_1)m_2(A_2)\cdots m_n(A_n)}{1-K} \tag{5-5}$$

$$K=\sum_{A_1\cap A_2\cap A_3\cdots=\varnothing}m_1(A_1)m_2(A_2)m_3(A_3)=1-\sum_{A_1\cap A_2\cap A_3\cdots\neq\varnothing}m_1(A_1)m_2(A_2)m_3(A_3) \tag{5-6}$$

其中，$K$ 是冲突系数，$K$ 越接近 1 表示证据源之间冲突严重，$K$ 接近 0 表示证据源彼此一致。当 $K\to 1$ 时，表示证据源高度冲突，这时采用 DS 合成公式会得出违反直觉的结果。而且，即时增加彼此一致的信息源的数量，也无法降低冲突系数 $K$。

**[定义6]** 设由证据源 $s_i$ 产生的 BBA 函数为 $m_i$，焦元为 $X_i\in 2^\Theta$，$i=1$, 2, $\cdots$, $I$，若将冲突因子表示为 $K=\sum_{\cap iX_i=\varnothing}[\prod_i m_i(X_i)]$，则融合所有 BBA 函数的 Dempster-Shafer 规则可表示为：

$$m(\theta)=\begin{cases}0,\ \theta=\varnothing\\ \dfrac{1}{1-K}\sum_{\cap iX_i=\theta}\prod_i m_i(X_i),\ \theta\neq\varnothing\end{cases} \tag{5-7}$$

## 第二节　层次分析法确定指标权重

大数据驱动下化工园区风险监测预警体系实现从定性到定量、静态到动态、单一到综合的转变，克服传统化工园区监测指标不健全、覆盖面窄、主观性强的缺陷。同时，基于大数据驱动的风险监测预警指标体系数据来源多样、结构复杂，既可能来源于人工统计数据，也可能来自于机器观测数据，包含众多定性定量指标，传统的风险监测预警方法无法同时考虑定性、定量指标评估且主观性强，因此本书选用层次分析法确定指标权重，以提高评价结果的客观性、科学性。

## 一、层次分析法基本理论

层次分析法（Analytic Hierarchy Process，AHP）是指将与整体决策有关的元素分解成目标、准则、方案等层次，然后进行定性和定量分析的方法。如图5-2所示，根据总目标将问题分解为不同的因素，形成一个多层次分析结构模型，从而最终使问题归结为最低层相对于最高层的相对重要权值的确定或相对优劣次序的排定。

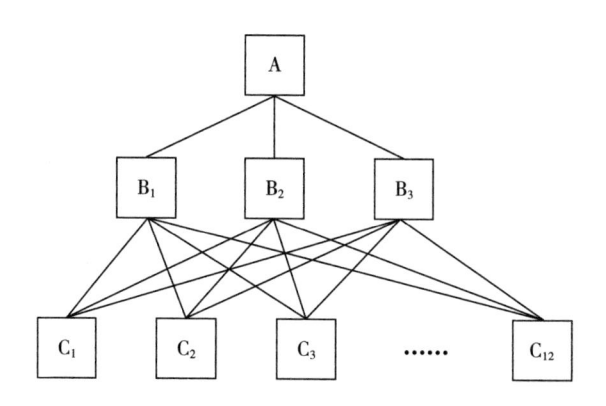

图 5-2　AHP 典型低阶层次结构

AHP方法解决的是递阶层次结构问题，要求任一元素隶属于一个层次、同一层次中任意两个元素之间不存在支配和从属关系且层次内部独立、不相邻的两个层次的任意两个元素不存在支配关系。化工园区风险监测预警指标体系复杂，一级指标由风险源固有风险、风险受体脆弱性、风险防控水平等指标构成。其中，风险源固有风险包括员工风险程度、危险物水平、环境状态、风险管理水平等二级指标；风险受体脆弱性包括人员脆弱性、设施脆弱性、环境脆弱性等二级指标；风险防控水平包括监测监控水平、预测预警水平、信息传递水平、应急管理水平、善后恢复水平等二级指标。根据二级指标设置情况，对其进行进一步详细划分，形成三级指标。

## 二、AHP 算法步骤

### (一) 分析问题

将决策问题进行系统的分析、组合形成元素和元素集，主要分析判断元素层次是否内部独立，是否存在依存和反馈，可用德尔菲法、专家意见法等理论方法进行。

### (二) 构造 AHP 典型结构

应用 AHP 解决实际问题，首先要明确需要分析决策的问题，把它条理化理出递阶层次结构。如图 5-3 所示，AHP 典型网络结构一般由三个层次组成：目标层（最高层），问题的预定目标、准则层（中间层），影响目标实现的准则、措施层（最低层），促使目标实现的措施。通过对复杂问题的分析，找出影响目标实现的准则，要详细分析各准则因素间的关系，有些是主要准则，有些是次要准则。其次根据这些关系将各元素分成不同的层次和组，上一层元素由下一层元素构成，并对下一层元素起支配作用。最后分析为解决问题，在上述准则下，有哪些最终措施，将它们作为措施层因素，放在层次结构最底层。

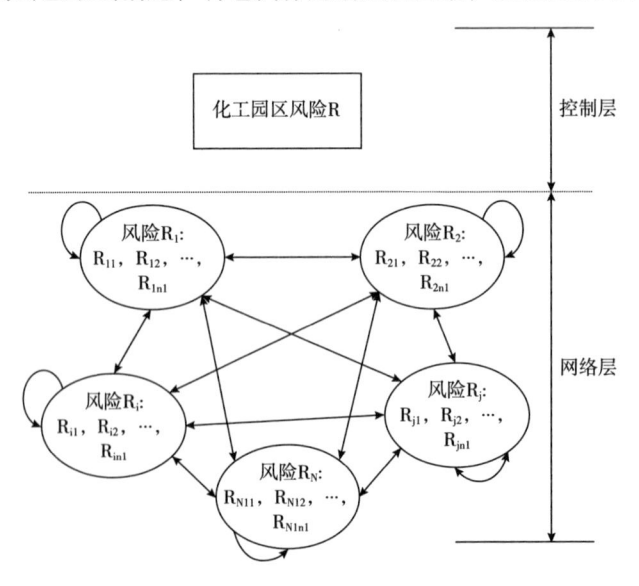

图 5-3 AHP 典型网络结构

风险因素组 $R_i$（$i=1, 2, \cdots, N$）中的内部风险因素 $R_{i1}, R_{i2}, \cdots, R_{ini}$（$i=1, 2, \cdots, N$，$ni$ 表示风险因素 $R_i$ 包含风险因素个数）之间（簇内）$R_i$ 风险因素组内因素与风险因素组 $R_j$ 中的风险因素 $R_{j1}, R_{j2}, \cdots, R_{jnj}$（$j=1, 2, \cdots, N$，$nj$ 表示风险因素组 $R_j$ 包含风险因素个数）存在着相互依存影响的网络关系。

### （三）构建判断矩阵

根据递阶层次结构就能很容易地构造判断矩阵。构造判断矩阵的方法是：将每一个准则因素作为判断矩阵的第一个元素，隶属于它的各个元素依次排列在其后的第一行和第一列。然后填写判断矩阵，大多时候是凭借专家经验判断矩阵的准则，将其中的元素两两比较，看哪个重要，重要多少，对重要性程度按 1~9 赋值（见表 5-1）。

表 5-1 风险因素判断矩阵

| 标度 | 含义 |
| --- | --- |
| 1 | 表示因素 $R_{im}$ 与 $R_{in}$ 相比，具有同样的重要性 |
| 3 | 表示因素 $R_{im}$ 与 $R_{in}$ 相比，前者因素比后者因素稍微重要 |
| 5 | 表示因素 $R_{im}$ 与 $R_{in}$ 相比，前者因素比后者因素明显重要 |
| 7 | 表示因素 $R_{im}$ 与 $R_{in}$ 相比，前者因素比后者因素强烈重要 |
| 9 | 表示因素 $R_{im}$ 与 $R_{in}$ 相比，前者因素比后者因素极端重要 |
| 2, 4, 6, 8 | 上述两相邻判断的中值 |
| 倒数 | 因素 $i$ 与 $j$ 比较的判断，因素 $j$ 与 $i$ 比较判断 $\frac{U_{ij}-1}{U_{ij}}$ |

### （四）计算最大特征根，归一化特征向量

对于填写完的判断矩阵利用一定数学方法进行层次排序，计算权向量，指每一个矩阵各因素针对其准则的相对权重，如表 5-2 所示。计算权向量有特征根法、和法、幂法等，确定权向量后，需要对判断矩阵进行一致性检验。比如 A 比 B 重要、B 比 C 重要，但是最后结果显示 C 比 A 重要，这样即为不一致。可以利用一致性指标、随机一致性指标和一致性比率做一致性检验。若检验通过，归一化后的特征向量即为权向量，若不通过，则需要重新构造成对比较阵。

表 5-2　风险因素判断矩阵归一化特征向量

| $R_{jl}$ | $R_{i1}$，$R_{i2}$，…，$R_{ini}$ | 归一化特征量 |
| --- | --- | --- |
| $R_{i1}$ | … | $w_{i1}^{jl}$ |
| $R_{i2}$ | … | $w_{i2}^{jl}$ |
| ⋮ | ⋮ | ⋮ |
| $R_{in1}$ | … | $w_{ini}^{jl}$ |

混乱的判断矩阵不能作为风险量化的依据，因此需要进行一致性检验。在 AHP 中引入判断矩阵的最大特征根 $\lambda_{\max}$ 和 $n$（$n$ 为判断矩阵阶数）的差与 ($n-1$) 的比值作为度量判断矩阵偏离一致性的指标，即

$$CI = \frac{\lambda_{\max} - n}{n-1} \tag{5-8}$$

一致性指标 $CI$ 与该阶数的平均随机一致性指标 $RI$（平均随机一致性指标如表 5-3 所示）的比值记为 $CR$：

$$CR = \frac{CI}{RI} < 0.1 \tag{5-9}$$

即通过一致性检验。

表 5-3　标度法

| 阶数 | 1 | 2 | 3 | 4 | 5 | 6 | 7 | 8 |
| --- | --- | --- | --- | --- | --- | --- | --- | --- |
| $RI$ 值 | 0 | 0 | 0.52 | 0.89 | 1.12 | 1.26 | 1.36 | 1.41 |
| 阶数 | 9 | 10 | 11 | 12 | 13 | 14 | 15 | |
| $RI$ 值 | 1.46 | 0.49 | 0.52 | 1.54 | 1.56 | 1.58 | 1.59 | |

由特征根法计算得到排序向量（$w_{i1}^{jl}$，$w_{i2}^{jl}$，…，$w_{ini}^{jl}$），记 $w_{ij}$ 为式（5-10）：

$$w_{ij} = \begin{pmatrix} w_{i1}^{j1} & w_{i1}^{j2} & \cdots & w_{i1}^{jnj} \\ w_{i2}^{j1} & w_{i2}^{j2} & \cdots & w_{i2}^{jnj} \\ \vdots & \vdots & \ddots & \vdots \\ w_{ini}^{j1} & w_{ini}^{j2} & \cdots & w_{ini}^{jnj} \end{pmatrix} \tag{5-10}$$

$w_{ij}$ 的列向量就是风险 $R_i$ 中的风险因素 $R_{ini}$ 对风险 $R_j$ 中的风险因素 $R_{jnj}$ 的影响度排序向量,若 $R_i$ 中的风险因素对 $R_j$ 中的风险因素无影响,$w_{ij}=0$,$i=1,2,\cdots,N$,$j=1,2,\cdots,N$。风险因素相互影响的未加权超矩阵见式(5-11)。

$$w=\begin{array}{c} \\ R_1 \\ \\ \\ R_2 \\ \\ \\ \vdots \\ R_i \\ \\ \vdots \\ R_N \end{array} \begin{array}{c} \\ r_{11} \\ r_{12} \\ \vdots \\ r_{1n} \\ r_{21} \\ r_{22} \\ \vdots \\ r_{2n} \\ r_{i1} \\ r_{i2} \\ \vdots \\ r_{ini} \\ \vdots \\ r_{N1} \\ r_{N2} \\ \vdots \\ r_{NnN} \end{array} \begin{array}{|cccccc|} \hline \overset{R_1}{\overset{r_{11}r_{12}\cdots r_{1n1}}{}} & \overset{R_2}{\overset{r_{21}r_{22}\cdots r_{2n2}}{}} & \cdots & \overset{R_j}{\overset{r_{j1}r_{j2}\cdots r_{jnj}}{}} & \cdots & \overset{R_N}{\overset{r_{N1}r_{N2}\cdots r_{NnN}}{}} \\ w_{11} & w_{12} & \cdots & w_{1j} & \cdots & w_{1N} \\ \\ \\ \\ w_{21} & w_{22} & \cdots & w_{2j} & \cdots & w_{2N} \\ \\ \\ \\ \vdots & \vdots & \vdots & \vdots & \vdots & \vdots \\ w_{i1} & w_{i2} & \cdots & w_{ij} & \cdots & w_{in} \\ \\ \vdots & \vdots & \vdots & \vdots & \vdots & \vdots \\ w_{N1} & w_{N2} & \cdots & w_{nj} & \cdots & w_{nn} \\ \hline \end{array} \quad (5\text{-}11)$$

## 第三节 证据折扣方法

证据融合理论在化工园区风险监测预警体系应用过程中要注意切合实际，风险监测指标体系构成极为复杂，当不同指标证据间存在冲突时不能全盘否定或片面选取。因此，对于风险指标数据预处理要考虑指标权重及信源可靠性两方面要素。根据多属性决策理论可知，指标重要性可以理解为：根据评价问题需要而设定的一个指标相对于另一个指标的重要程度，具有相对性和主观性，一般用指标权重 $w_i$ 进行衡量，$\sum_i w_i = 1$，$0 \leq w_i \leq 1$，$i = 1, 2, \cdots, n$；可靠性在本书中指风险监测预警某信源针对特定对象给出正确信息的可能性，具有绝对性和客观性，假设信源 $S_i$ 的可靠性系数 $\lambda_i$，则 $0 \leq \lambda_i \leq 1$，$i = 1, 2, \cdots, n$。由上述公式可知，$\lambda_i$ 值越大，信源 $S_i$ 的可靠性越高，受其他指标影响程度越小；指标权重 $w_i$ 的值越大，表示该信源 $S_i$ 越重要，可能受其他指标要素的影响。

因此，需采用证据折扣理论对信源 $S_i$ 的可靠性和重要性进行处理，Shafer 折扣计算方式如式（5-12）所示：

$$m'_i(\theta) = \begin{cases} k_i m_i(\theta), & \theta \subset \Theta \\ k_i m_i(\theta) + 1 - k_i, & \theta = \Theta \end{cases} \tag{5-12}$$

其中，$1 - k_i$ 表示支持证据 $k_i$ 的其他剩余证据。

## 第四节 多源异构融合模型

### 一、化工园区风险综合评价问题界定

多传感器信息融合的实质是模拟人脑利用先验知识对多种感知器官所获

取的外界信息进行识别、分析、综合的复杂信息处理过程，充分发挥各个传感器资源优势，将各类传感器或信源指标数据进行标准化处理，利用优化准则发挥多传感器时空协同作用，实现风险环境的一致性描述。机体基于不同信源所接收的信息数据可能具备不同特征，如动态或静态、精确或模糊、可靠或不可靠，信源或指标数据间甚至可能存在矛盾或冲突。

信息融合策略可以划分为补偿性和非补偿性两种，基于指标权重的融合策略和基于可靠性的融合策略并不相同，现有成果因融合策略选择不当而造成对风险评价结果的科学性有待商榷，考虑到每个指标反映的仅是待评价对象的一个方面，只有将待评价对象在所有指标上的表现都进行融合才能做出全面评价，故本书认为对于不同重要程度的监测指标应采用补偿性策略，而对于不同来源的监测数据进行融合时应采用非补偿性策略。

因此，兼顾指标权重与信源可靠性的大数据驱动下化工园区风险评价可以描述为：先基于基本信任分配函数信息表达机理提取不同信源在各项指标上的不完备型评价信息，再以信源个体为单位，利用ER规则对各项指标上的评价信息进行补偿性融合，最后利用Dempster规则对所有信源的个体指标评价结果进行非补偿性融合。

## 二、化工园区风险监测预警综合评价类型划分

随着大数据技术普及推广及风险监测预警应用需求的扩展，学者尝试拓宽风险分析的信源种类和范围，利用多种传感器获取更为全面、丰富、精确的多类信息源数据进行信息融合工作，从而提高风险监测预警系统的环境描述、风险识别及运行效率。但是，数据信源的多样性直接导致各项指标监测数据在数据精度、获取频率、时间尺度等方面存在结构粒度上的差异，而且若对各类信源独立进行数据分析无疑会破坏监测指标间的有机联系，导致数据资源浪费。因此需要对多信源数据进行综合处理即多源异构数据的信息融合，根据数据类型或采集方式或风险监测预警需求建立不同层次的信息融合

结构。

现阶段关于多源异构信息融合技术无法对一般的融合建立一种通用的数学模型、算法结构以及融合过程，因此在实际应用当中需要进一步研究如何根据具体问题选择最合适的结构和算法。

指标数据融合和信源数据融合是层次化融合中需要关注的两类重要问题，若将参与融合的指标个数分为单个和多个、将参与融合的信源个数分为单个和多个，则基于上述两个维度可将化工园区风险中的层次化融合问题划分为单指标—单信源融合、多指标—单信源融合、单指标—多信源融合、多指标—多信源融合共四种类型。

同时，监测数据在具有多源性的同时还具有异构性，主要表现为不同信源监测数据的粒度可能不同，因此利用上述五类多源异构融合模型可以帮助解决化工园区风险层次化融合过程中可能遇到的所有融合问题。由此可见，遵循层次化融合过程，利用多源异构融合模型可以实现对大数据驱动下化工园区风险的科学评价。

### 三、单指标—单信源融合模型

单指标—单信源融合模型属于传统分析方法，多以假定数据源呈某一固定的概率分布，然后在此基础上进行参数估计，但是实践证明单个指标及单个信源分析过程中不一定成立，无法充分暴露化工园区风险状态，单指标—单信源信息融合模型属于对人脑信息处理的低水平模仿，因此对于单指标—单信源融合问题侧重于同时利用指标权重和信源可靠系数对监测数据折扣处理。

设证据源 $s_1, s_2, \cdots, s_I$ 产生的证据为 $m_1, m_2, \cdots, m_I$，因为它们是绝对可靠且同等重要的，故可直接开展融合。设用于协调可靠性融合和重要性融合相对重要程度的协调系数为 $\gamma$，构建补偿协调融合规则为：

$$m(\theta) = \gamma f(\theta) + (1-\gamma) g(\theta) \tag{5-13}$$

其中，$\gamma$ 和 $1-\gamma$ 分别为可靠性融合和重要性融合的相对重要程度，$0 \leq \gamma \leq 1$；$f(\theta)$ 和 $g(\theta)$ 分别为由 Dempster 规则和 Murphy 规则融合得到的以 BBA 函数形式存在的结果。

### 四、多指标—单信源融合模型

多指标—单信源指多个风险指标信息来源于同一信源，对于多指标—单信源融合问题侧重于结合指标权重 $w_i$ 开展补偿性融合。为了得到单信源对风险监测预警项目在所有指标上的综合评价信息，需要以信源为对象开展个体融合。

对于多指标—单信源融合模型侧重于结合信源权重系数 $w_j$ 开展补偿性融合、采用 Dempster 规则。该规则包括 Shafer 折扣和 DS 正交融合两部分。

$$m_i^w(\theta) = \begin{cases} w_i m_i(\theta), & \theta < \Theta \\ w_i m_i(\theta) + 1 - w_i, & \theta = \Theta \end{cases} \tag{5-14}$$

设信源 $s_i$ 对方案 $a_k$ 在属性 $c_j$ 上的推断信息为 $B_{i,j}^r$，属性 $c_j$ 的权重为 $w_j$，$0 < w_j \leq 1$，$j = 1, \cdots, J$，将 $w_j$ 代入 Shafer 折扣公式对 $B_{i,j}^r$ 进行折扣处理得到 $m_{i,j}^{w,r}$，焦元为 $X_j$，则按析取规则融合信源 $s_i$ 对方案 $a_k$ 在所有属性上推断信息的结果为：

$$\begin{cases} m_i^{w,r}(\emptyset) = 0 \\ m_i^{w,r}(\theta) = \sum_{\cup Y_j = \theta} \left[ \prod_j m_{i,j}^{w,r}(X_j) \right] \end{cases} \tag{5-15}$$

### 五、单指标—多信源融合模型

单指标—多信源指不同信息源对同一指标的各种描述，在实时的多目标监测过程中，同一个目标在多信源上获取的量测或描述必定因其物理来源相同而具备某种相似特征，但是多信源数据对于同一指标往往存在不同描述形式，所监测指标数据表现形式可能是图、表、文本、视频等，因此需要对其进行识别、筛选和分类，将与问题求解的任务、行动和识别目标相关的重要内容根据灾情进展情况不断进行关联性累积。为了得到所有信源对某风险指标的综合评价信息，需要以指标为单位对所有信源给出的个体融合结果进行再融合。

对于单指标—多信源融合模型侧重于结合信源可靠系数 $\lambda_i$ 开展非补偿性融合、采用 Dempster 规则，Shafer 折扣方式如下所示：

$$m_i^\lambda(\theta) = \begin{cases} \lambda_i m_i(\theta), & \theta < \Theta \\ \lambda_i m_i(\theta) + 1 - \lambda_i, & \theta = \Theta \end{cases} \quad (5-16)$$

基于信源可靠性的推断信息如下所示：

$$\begin{cases} m_i^{\lambda, r}(\emptyset) = 0 \\ m_i^{w, r}(\theta) = \sum_{\cup Y_j = \theta} \left[ \prod_j m_{i,j}^{\lambda, r}(Y_j) \right] \end{cases} \quad (5-17)$$

### 六、多指标—多信源融合模型

为了得到所有信源关于化工园区风险状态的综合评价信息，需要将所有单信源的融合结果进行再次融合，设先基于重要权重 $w_i$ 再基于可靠系数 $\lambda_i$ 对证据 $m_i$ 进行双重 Shafer 折扣得到的证据为 $m_i^{w,\lambda}$，改变上述折扣顺序进行双重折扣得到的证据为 $m_i^{\lambda,w}$，则有 $m_i^{w,\lambda} = m_i^{\lambda,w}$。

将重要权重 $w_i$ 和证据 $m_i$ 代入 Shafer 折扣公式可得：

$$m_i^w(\theta) = \begin{cases} w_i m_i(\theta), & \theta \subset \Theta \\ w_i m_i(\theta) + 1 - w_i, & \theta = \Theta \end{cases} \quad (5-18)$$

再将可靠系数 $\lambda_i$ 和经折扣的 $m_i^w(\theta)$ 代入 Shafer 折扣公式可得：

$$m_i^{w,\lambda}(\theta) = \begin{cases} \lambda_i w_i m_i(\theta), & \theta \subset \Theta \\ \lambda_i [w_i m_i(\theta) + 1 - w_i] + (1 - \lambda_i) = \lambda_i w_i m_i(\theta) + 1 - \lambda_i w_i, & \theta = \Theta \end{cases} \quad (5-19)$$

DS 正交融合是基于正交和原理经过 Shafer 折扣处理后的多组证据信息进行计算的过程。具体而言，针对 Shafer 折扣后的风险评价信息 $m_{i,e(L)}^k(\theta)$，$i =$

1，2，…，I，利用下式可得到 DS 正交融合的结果 $m_k$。需要说明的是，不同信源之间的个体评价结果存在冲突，冲突因子 $K = \sum_{\cap i\theta^i = \emptyset} [\prod_i \overline{m}_{i,\ e(L)}^k(\theta^i)]$，故为满足 BBA 函数的定义要求，需要利用归一化处理方式将冲突因子 $K$ 予以剔除。

$$m_k(\theta) = \begin{cases} 0, & \theta = \emptyset \\ \dfrac{1}{1-K} \sum_{\cap i\theta^i = \theta} \prod_i m_{i,\ e(L)}^k(\theta^i), & \theta \subseteq \Theta \end{cases} \quad (5-20)$$

## 第五节　模糊综合评价法

### 一、模糊综合评价法基本介绍

模糊综合评价法是一种基于模糊数学的综合评价方法，该评价方法根据模糊数学的隶属度理论把定性评价转化为定量评价，即用模糊数学对受到多种因素制约的事物或对象做出一个总体评价，它具有结果清晰、系统性强的特点，能够较好地解决模糊的、难以量化的问题，适合各种非确定性问题的解决。

### 二、模糊综合评价法模型构建步骤

（一）模糊综合评价指标的构建

模糊综合评价指标体系是进行综合评价的基础，评价指标的选取是否适宜将直接影响到综合评价的准确性，评价指标的建立包括以下步骤：

1. 建立综合评价的因素集

因素集是以影响评价对象的各种因素为元素所组成的一个普通集合，通

常用 $U$ 表示，$U=(u_1, u_2, \cdots, u_n)$，$n$ 表示化工园区风险评价指标数。

2. 建立综合评价评判集

评价集是评价者对评价对象可能做出的各种结果所组成的集合，通常用 $V$ 表示，$V=(v_1, v_2, \cdots, v_m)$，其中元素 $v_m$ 表示第 $m$ 种评价结果，根据实际情况需要，用不同评价等级来表示。

3. 进行单因素模糊评价，获得评价矩阵

若因素集 $U$ 中第 $n$ 个指标对评价集 $V$ 的第一个元素的隶属度为 $r_{n1}$，则第 $n$ 个指标单因素评价结果用模糊集合表示为 $R_n=(r_{n1}, r_{n2}, \cdots, r_{nm})$，以 $n$ 个单因素评价集 $R_1, R_2, \cdots, R_n$ 为行组成矩阵 $R_{n\times m}$ 称为模糊综合评价矩阵。

（二）构建因素权重向量

在评价工作中，各因素的重要程度不同，为此需先确定各因素 $u_i$ 的权重 $a_i$，各因素权重集合的模糊集，$A=(a_1, a_2, \cdots, a_n)$。

（三）建立综合评价模型

确定单因素评判矩阵 $R_{n\times m}$ 和因素权重向量 $A$，通过模糊变化将 $U$ 上的模糊向量 $A$ 变为 $V$ 上的模糊向量 $B$，$B=A_{1\times n}\circ R_{n\times m}=(b_1, b_2, \cdots, b_m)$，其中，$\circ$ 表示综合评价合成算子。

（四）确定评价系统总得分

综合评价模型确定后，确定评价系统总得分，即 $F=B_{1\times m}\times S_{1\times m}$。其中，$F$ 为系统总得分，$S$ 为 $V$ 中对应因素的级分。

# 第六节　灰色预测模型

## 一、灰色预测模型介绍

大数据驱动下风险监测指标趋势预测主要基于事故发生规律对历史监测

数据的评估分析，根据风险评价结果对风险指标未来一段时间内可能产生的变化趋势进行预测判断，通过融合指标趋势预测结果可以对化工园区系统整体风险状态变化趋势进行综合判断，根据综合评价结果的偏离程度来确定是否进行风险预警、确定预警等级以采取相对应的措施控制风险。

过去几十年时间里，传统的确定性数据趋势预测方法趋于成熟，逐步形成庞大的数据库资源，成为现代信息化建设的重要支撑。随着信息技术及数据挖掘工作的深入开展，用户发展在多个领域实际应用中普遍存在诸多不确定性数据，而传统数据管理技术无法有效处理不确定性数据。因此，不确定性数据趋势预测方法的研究得到学者广泛重视。

传统决策分析方法难以准确把握化工园区风险真实状态及未来趋势，现有研究大多基于减少随机型不确定性或信息不完全而产生认知型不确定问题，从众多数据缺失处理方法中选择一种进行数据处理工作并据此得到预测结果作为最终有效结果，但是对于不确定性风险数据，采用不确定性模型计算将得出更大程度不确定性结果。灰色系统相关理论研究可以对已知或未知的非确定性信息进行预测，利用风险数据潜在规律建立灰色模型进行预测。首先，关于监测预警指标动态变化趋势预测应尽可能基于一手数据进行预测，避免数据转变过程中产生的信息丢失；其次，依据原始数据预测结果计算风险指标的未来状态，提高指标状态预测的精准性；最后，灰色预测系统允许同时使用多种数据缺失处理方法并将所有预测结果作为有效结果，由此可以充分反映园区风险要素变化中存在的随机性特征，具备相当程度的技术可行性。

**二、灰色系统预测模型步骤**

设系统主变量原始数据序列为：

$$X^{(0)} = (x^{(0)}(1), x^{(0)}(2), \cdots, x^{(0)}(m)) \tag{5-21}$$

该序列一次累加生成序列为：

$$X^{(1)} = (x^{(1)}(1), x^{(1)}(2), \cdots, x^{(1)}(m)) \tag{5-22}$$

$$x^{(1)}(k) = \sum_{i=1}^{k} x^{(0)}(i), \quad k = 1, 2, \cdots, m \tag{5-23}$$

序列 $Z^{(1)} = z^{(1)}(1), z^{(1)}(2), z^{(1)}(3), \cdots, z^{(1)}(m)$ 被称为 $X^{(1)}$ 的均值生成序列或系统的背景值。

$$z^{(1)}(k) = \frac{1}{2}(x^{(1)}(k) + x^{(1)}(k-1)), \quad k = 2, 3, \cdots, m \tag{5-24}$$

则称方程 $x^{(0)}(k) + az^{(1)}(k) = b$ 为一阶单变量灰色预测模型。其中参数 $a$ 是主变量参数或系统发展系数，$b$ 是 GM（1，1）模型的灰作用系数或背景值。

$$Y = \begin{bmatrix} x^{(0)}(2) \\ x^{(0)}(3) \\ \vdots \\ x^{(0)}(m) \end{bmatrix} \tag{5-25}$$

$$B = \begin{bmatrix} -z^{(1)}(2) & 1 \\ -z^{(1)}(3) & 1 \\ \vdots & \vdots \\ -z^{(1)}(m) & 1 \end{bmatrix} \tag{5-26}$$

$$a = (B^T B)^{-1} B^T Y \tag{5-27}$$

方程 $\dfrac{dx^{(1)}}{dt} + ax^{(1)} = b$ 被称为 GM（1，1）模型的白化方程，也叫影子方程。结合所求解的 $a$，$b$ 参数值，代入式（5-24），可得 GM（1，1）模型的时间响应序列为：

$$x^{(1)}(k+1) = \left(x^{(0)}(1) - \frac{b}{a}\right) e^{-ak} + \frac{b}{a}, \quad k = 1, 2, \cdots, m-1 \tag{5-28}$$

**三、化工园区风险预警等级的标准界定**

化工园区风险分级管控就是根据企业实际划分为若干个单元，明确各单元需排查的风险点，依据风险点危险源辨识确定风险等级，根据风险等级高低采取不同的风险管控措施。将风险等级按照风险值进行划分，依次为0~0.2（低风险）、0.2~0.4（较低风险）、0.4~0.6（一般风险）、0.6~0.8（较高风险）、0.8~1.0（高风险），各等级风险警限整理得到表5-4。

表5-4 风险等级标准

| 风险等级 | 风险值 | 风险等级 | 预警等级 |
| --- | --- | --- | --- |
| 1 | 0~0.2 | 低风险 | 无警 |
| 2 | 0.2~0.4 | 较低风险 | 轻警 |
| 3 | 0.4~0.6 | 一般风险 | 中警 |
| 4 | 0.6~0.8 | 较高风险 | 重警 |
| 5 | 0.8~1.0 | 高风险 | 巨警 |

注：0~0.2表示$0<r\leq0.2$，余同。

根据表5-4的内容，将企业风险划分为五个风险等级，有助于强化企业隐患排查治理能力，推动风险监测预警工作的科学化、标准化和信息化。企业应综合考虑事故起因、风险类型及危险源等要素确定风险类别，根据风险评估结果确定风险等级，突出安全事故的危害程度、波及范围、影响人群规模等内容。

# 本章小结

第五章是本书研究的重点内容，第一节主要对数据驱动下化工园区风险监测预警数据转换方法展开讨论，包括风险监测数据多源异构性分析、不确定性分析，并介绍了基于DS证据理论的基本信任分配函数转换方法；第二节内容介绍了层次分析法的理论基础及模型构建流程，利用专家打分确定风险指标权重；第三节介绍了一种基于指标权重和信源可靠性的证据折扣方法，通过对风险指标数据进行折扣处理以保障指标数据的绝对可靠和同等重要性；第四节内容是对化工园区风险综合评价问题的界定及类型划分，依据指标重要性和信源可靠性构建四类多源异构融合模型；第五、六节内容分别介绍了风险评价及风险预测的方法模型，选用模糊综合评价法和灰色预测模型对多源异构融合模型处理结果进行评价和预测，实现数据驱动下化工园区风险的科学评价和预警。

# 第六章

大数据驱动下山东省化工园区风险监测预警案例研究

# 第六章 大数据驱动下山东省化工园区风险监测预警案例研究

本书以山东省东营港经济开发区化工园区为例,基于定性和定量指标两部分内容,验证由大数据驱动的化工园区风险监测预警模型科学性。此外,根据风险综合评价结果确定园区风险等级,并结合本书所构建的风险监测预警指标体系,确定园区风险系统各指标要素的预警水平。

## 第一节 基本概况

### 一、化工园区简介

东营港经济开发区是山东省设立的首批经济开发区,园区内下辖临港产业园区、蓝色产业园及滨海新区3个化工产业园。东营港位于东经118°58′、北纬38°06′,位于渤海经济区和黄河经济带的重要接口。东营港经开区化工园区依托港口建设,在环渤海及黄河三角洲港口布局扮演重要角色,优越的区位优势为园区发展创造优良的投资环境,初步建成港区城三位一体发展格局;东营港石油资源丰富,原油年产量稳定在27亿吨,能够支撑化工园区产业建设发展需求。

东营港经开区属于以炼化一体化为核心的产业园区,经省市政府认定的园区面积约为90平方千米,现已形成以一定规模"油头"为基础,产业链中下游以丙烯和碳四及部分精细化学品为配套的产业格局,化工园区总体项目规划布局如图6-1所示。

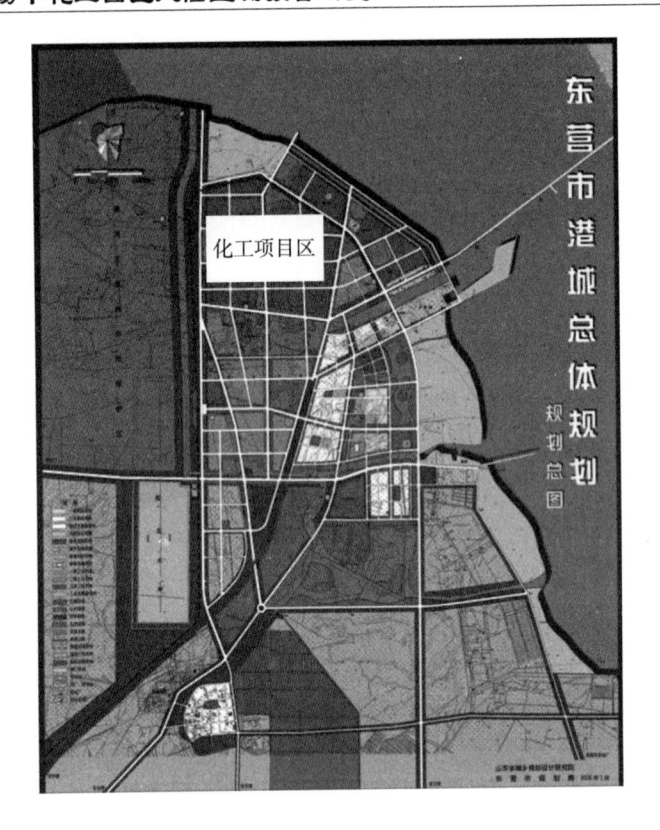

图 6-1　东营市港城总体规划

## 二、化工园区重大危险源

根据事故危险程度，重大危险源可分为一级（可能造成特大事故）、二级（可能造成重大事故）、三级（可能造成较大事故）、四级（可能造成一般事故）。根据东营港经济开发区政府网站政务公开栏目的数据开放信息，现阶段东营港经开区化工园区内部企业重大危险源类别主要包括以下内容：

（1）东营市海兴化工有限公司：四级重大危险源包括罐区。

（2）山东万通石油化工集团有限公司：一级重大危险源包括液化气1#罐组和2#罐组，三级重大危险源包括5#罐区东罐组单元，四级重大危险源包括

10万吨/年气分-1.5万吨/年MTBE联合装置单元、120万吨/年延迟焦化装置单元、5#罐区西罐组单元。

（3）山东海科新源新材料科技股份有限公司：一级重大危险源包括甲醇/环氧丙烷罐组单元和丙烯罐组单元，二级重大危险源包括环氧乙烷罐组单元，四级重大危险源包括碳酸二甲酯/丙二醇罐组单元和乙丙醇/易丙醚罐组单元。

（4）山东齐发化工有限公司：一级重大危险源包括球罐区和新增球罐区，三级重大危险源包括常压浮顶罐区、卧罐区和新增常压浮顶罐区。

（5）山东神驰化工有限责任公司：一级重大危险源包括4#罐组单元、8#罐组单元，二级重大危险源包括2#罐组单元、5#罐组单元以及6#罐组单元，三级重大危险源包括120万吨/年重油催化裂化裂解联合装置单元和1#罐组甲醇罐，四级重大危险源包括60万吨/年催化汽油选择性加氢装置单元。

（6）山东海科化工有限责任公司：一级重大危险源包括球罐区二单元和三单元、西罐区单元，二级重大危险源80万吨/年重油催化裂化单元、80万吨/年焦化装置及30万吨/年加制氢联合装置单元、东原料油罐区单元，三级重大危险源包括220万吨/年原料预处理单元、30万吨/年汽油加氢脱硫清洁生产示范单元、80万吨/年油品升级改造单元、原料油罐区单元、西原料油罐区单元、球罐区一单元、中间罐区单元80千吨/年气体分馏及20千吨/年甲基叔丁基醚生产装置单元，四级重大危险源包括3000标准立方米/小时干气综合利用制氢气及二氧化碳回收单元、3000立方米罐区单元。

（7）山东海科石化销售有限公司：一级重大危险源包括2000立方米罐区单元，四级重大危险源包括5000立方米罐区单元。

### 三、化工园区事故类型

根据近几年山东省化工园区典型事故分析，东营港经济开发区化工园区事故的诱因大致可以分为外部因素和内部因素两类。

（1）外部因素主要指环境异常状态所引发的地震、泥石流等自然灾害，该类气象灾害和地质灾害将对园区造成直接破坏或间接引发园区安全事故；生态环境质量遭到破坏也会对园区发展起到间接的限制作用。

（2）内部因素是导致园区事故的最主要因素，园区内危险源众多，化学品易燃易爆及毒性、腐蚀性等特性决定了大多数化学产品生产的全生命周期存在安全问题，会对人、设施、环境等造成伤害，最常见的园区事故类型包括爆炸、火灾、中毒及环境污染等。

## 第二节 风险指标权重计算

### 一、一级指标权重

化工园区风险评价（A）包括环境状况（B1）、风险特征（B2）、管理能力（B3），根据专家对各指标要素重要性评价结果（见附录1），构造层次分析矩阵，如表6-1所示。

表6-1 化工园区风险指标权重

| A | B1 | B2 | B3 | 权重 |
|---|---|---|---|---|
| B1 | 1 | 1/5 | 1/4 | 0.097 |
| B2 | 5 | 1 | 3 | 0.619 |
| B3 | 4 | 1/3 | 1 | 0.284 |

计算得出最大特征值 $\lambda = 3.087$，$CI = \dfrac{\lambda_{max} - n}{n-1} = 0.043$，$CR = \dfrac{CI}{RI} = 0.083 < 0.1$，通过一致性检验。

## 二、二级指标权重

（1）环境状况（B1）包括自然环境（N）、社会环境（S）以及内部布局（D），各要素重要性层次判断矩阵和权重如表6-2所示。

表6-2 环境状况指标权重

| B1 | N | S | D | 权重 |
|---|---|---|---|---|
| N | 1 | 1/2 | 3 | 0.309 |
| S | 2 | 1 | 5 | 0.582 |
| D | 1/3 | 1/5 | 1 | 0.109 |

最大特征值 $\lambda = 3.004$，$CI = 0.002$，$RI = 0.520$，$CR = 0.004$，通过一致性检验。

（2）风险状况（B2）包括人员风险（P）、设施风险（E）以及物料风险（G），各要素重要性层次判断矩阵和权重如表6-3所示。

表6-3 风险状况指标权重

| B2 | P | E | G | 权重 |
|---|---|---|---|---|
| P | 1 | 1/2 | 2 | 0.311 |
| E | 2 | 1 | 2 | 0.493 |
| G | 1/2 | 1/2 | 1 | 0.196 |

最大特征值 $\lambda = 3.054$，$CI = 0.027$，$RI = 0.520$，$CR = 0.052$，通过一致性检验。

（3）园区管理（B3）包括企业管理（M）、信息系统建设（I）以及应急救援管理（R），各要素重要性层次判断矩阵和权重如表6-4所示。

表 6-4　园区管理指标权重

| B3 | M | I | M | 权重 |
|---|---|---|---|---|
| M | 1 | 3 | 1/5 | 0.201 |
| I | 1/3 | 1 | 1/6 | 0.092 |
| M | 5 | 6 | 1 | 0.707 |

最大特征值 $\lambda = 3.096$，$CI = 0.048$，$RI = 0.520$，$CR = 0.092$，通过一致性检验。

### 三、三级指标权重

（一）自然环境（N）

自然环境包括自然灾害风险（N1）、生态安全风险（N2）、环境质量等级风险（N3），根据专家对各指标要素重要性判别得出判断矩阵及权重，如表 6-5 所示。

表 6-5　自然环境指标权重

| N | N1 | N2 | N3 | 权重 |
|---|---|---|---|---|
| N1 | 1 | 3 | 4 | 0.120 |
| N2 | 1/3 | 1 | 3 | 0.272 |
| N3 | 1/4 | 1/3 | 1 | 0.608 |
| $\lambda = 3.074$ | $CI = 0.037$ | $RI = 0.520$ | \multicolumn{2}{c}{$CR = 0.071$，通过一致性检验} |

最大特征值 $\lambda = 3.074$，$CI = 0.037$，$RI = 0.520$，$CR = 0.071$，通过一致性检验。

（二）社会环境（S）

社会环境包括产业支持力度（S1）、宏观经济形势（S2）、公众风险接受程度（S3），各要素重要性判断矩阵及权重如表 6-6 所示。

表 6-6 社会环境指标权重

| S | S1 | S2 | S3 | 权重 |
| --- | --- | --- | --- | --- |
| S1 | 1 | 1 | 1/5 | 0.149 |
| S2 | 1 | 1 | 1/4 | 0.161 |
| S3 | 5 | 4 | 1 | 0.690 |

最大特征值 $\lambda = 3.006$，$CI = 0.003$，$RI = 0.520$，$CR = 0.005$，通过一致性检验。

（三）内部布局（D）

内部布局包括企业选址（D1）、功能区划分（D2）以及交通布局（D3），各要素重要性判断矩阵及权重如表 6-7 所示。

表 6-7 内部布局指标权重

| D | D1 | D2 | D3 | 权重 |
| --- | --- | --- | --- | --- |
| D1 | 1 | 5 | 2 | 0.149 |
| D2 | 1/5 | 1 | 1/3 | 0.161 |
| D3 | 1/2 | 3 | 1 | 0.690 |

最大特征值 $\lambda = 3.004$，$CI = 0.002$，$RI = 0.520$，$CR = 0.004$，通过一致性检验。

（四）人员风险（P）

人员风险包括安全培训合格率（P1）、持证上岗率（P2）、三违率（P3）、人员密度（P4）以及年龄结构（P5），各要素重要性判断矩阵及权重如表 6-8 所示。

表 6-8　人员风险指标权重

| P | P1 | P2 | P3 | P4 | P5 | 权重 |
|---|---|---|---|---|---|---|
| P1 | 1 | 2 | 4 | 3 | 5 | 0.392 |
| P2 | 1/2 | 1 | 4 | 1/3 | 4 | 0.195 |
| P3 | 1/4 | 1/4 | 1 | 1/4 | 3 | 0.090 |
| P4 | 1/3 | 3 | 4 | 1 | 4 | 0.270 |
| P5 | 1/5 | 1/4 | 1/3 | 1/4 | 1 | 0.053 |

最大特征值 $\lambda = 5.442$，$CI = 0.111$，$RI = 1.120$，$CR = 0.099$，通过一致性检验。

（五）设施风险（E）

设施风险包括设施暴露性（E1）、设备先进性（E2）、安全防护设施（E3）、设备管理制度完善性（E4），各要素重要性判断矩阵及权重如表 6-9 所示。

表 6-9　设施风险指标权重

| E | E1 | E2 | E3 | E4 | 权重 |
|---|---|---|---|---|---|
| E1 | 1 | 4 | 5 | 4 | 0.552 |
| E2 | 1/4 | 1 | 4 | 1/2 | 0.170 |
| E3 | 1/5 | 1/4 | 1 | 1/3 | 0.072 |
| E4 | 1/4 | 2 | 3 | 1 | 0.206 |

最大特征值 $\lambda = 4.142$，$CI = 0.047$，$RI = 0.890$，$CR = 0.053$，通过一致性检验。

（六）物料风险（G）

物料风险包括危险物资种类（G1）、危险物资存量（G2）、危险物资能量（G3）以及产品抽检合格率（G4），各要素重要性判断矩阵及权重如表 6-10 所示。

表 6-10  物料风险指标权重

| G | G1 | G2 | G3 | G4 | 权重 |
|---|---|---|---|---|---|
| G1 | 1 | 5 | 6 | 4 | 0.578 |
| G2 | 1/5 | 1 | 2 | 1/4 | 0.108 |
| G3 | 1/6 | 1/2 | 1 | 1/3 | 0.073 |
| G4 | 1/4 | 4 | 3 | 1 | 0.241 |

最大特征值 $\lambda = 4.200$，$CI = 0.067$，$RI = 0.890$，$CR = 0.075$，通过一致性检验。

（七）企业管理（M）

企业管理包括隐患整改率（M1）、危化品经营许可证持有率（M2）、执法检查重视程度（M3）、安全标准化水平（M4）、污染物处理（M5），各要素重要性判断矩阵及权重如表 6-11 所示。

表 6-11  企业管理指标权重

| M | M1 | M2 | M3 | M4 | M5 | 权重 |
|---|---|---|---|---|---|---|
| M1 | 1 | 5 | 3 | 7 | 1/3 | 0.253 |
| M2 | 1/5 | 1 | 1/3 | 5 | 1/7 | 0.078 |
| M3 | 1/3 | 3 | 1 | 7 | 1/5 | 0.143 |
| M4 | 1/7 | 1/5 | 1/7 | 1 | 1/9 | 0.031 |
| M5 | 3 | 7 | 5 | 9 | 1 | 0.495 |

最大特征值 $\lambda = 5.417$，$CI = 0.104$，$RI = 1.120$，$CR = 0.093$，通过一致性检验。

（八）信息系统建设（I）

信息系统建设包括危化企业监测信息数据化程度（I1）、重大危险源监控覆盖率（I2）、5G 基站建设水平（I3），各要素重要性判断矩阵及权重如表 6-12 所示。

表 6-12　信息系统建设指标权重

| I | I1 | I2 | I3 | 权重 |
| --- | --- | --- | --- | --- |
| I1 | 1 | 3 | 3 | 0.600 |
| I2 | 1/3 | 1 | 1 | 0.200 |
| I3 | 1/3 | 1 | 1 | 0.200 |

最大特征值 $\lambda = 3.000$，$CI = 0.000$，$RI = 0.520$，$CR = 0.000$，通过一致性检验。

（九）应急救援管理（R）

应急救援管理包括专家库资源（R1）、应急预案健全性（R2）、安全人员应急救援水平（R3）、消防应急救援能力（R4）、医疗应急救援能力（R5）、应急物资保障情况（R6），各要素重要性判断矩阵及权重如表 6-13 所示。

表 6-13　应急救援管理指标权重

| R | R1 | R2 | R3 | R4 | R5 | R6 | 权重 |
| --- | --- | --- | --- | --- | --- | --- | --- |
| R1 | 1 | 2 | 4 | 3 | 3 | 5 | 0.318 |
| R2 | 1/2 | 1 | 7 | 5 | 3 | 7 | 0.309 |
| R3 | 1/4 | 1/7 | 1 | 1/5 | 1/5 | 3 | 0.054 |
| R4 | 1/3 | 1/5 | 5 | 1 | 1 | 7 | 0.144 |
| R5 | 1/3 | 1/3 | 5 | 1 | 1 | 5 | 0.138 |
| R6 | 1/5 | 1/7 | 1/3 | 1/7 | 1/5 | 1 | 0.037 |

最大特征值 $\lambda = 6.622$，$CI = 0.124$，$RI = 1.260$，$CR = 0.099$，通过一致性检验。

**四、化工园区风险指标评价权重结果**

综上所述，化工园区风险监测预警各指标权重如表 6-14 所示。

## 表6-14 化工园区风险指标权重

| 方案层 | 权重 | 因素层 | 权重 | 指标层 | 权重 |
|---|---|---|---|---|---|
| 环境状况（B1） | 0.097 | 自然环境（N） | 0.309 | 自然灾害风险（N1） | 0.120 |
| | | | | 生态安全风险（N2） | 0.272 |
| | | | | 环境质量等级（N3） | 0.608 |
| | | 社会环境（S） | 0.582 | 产业支持力度（S1） | 0.149 |
| | | | | 宏观经济形势（S2） | 0.161 |
| | | | | 公众风险接受程度（S3） | 0.690 |
| | | 内部布局（D） | 0.109 | 企业选址（D1） | 0.149 |
| | | | | 功能区划分（D2） | 0.161 |
| | | | | 交通布局（D3） | 0.690 |
| 风险状况（B2） | 0.619 | 人员风险（P） | 0.311 | 安全培训合格率（P1） | 0.392 |
| | | | | 持证上岗率（P2） | 0.195 |
| | | | | 三违率（P3） | 0.090 |
| | | | | 人员密度（P4） | 0.270 |
| | | | | 年龄结构（P5） | 0.053 |
| | | 设施风险（E） | 0.493 | 设施暴露性（E1） | 0.552 |
| | | | | 设施先进性（E2） | 0.170 |
| | | | | 安全防护设施（E3） | 0.072 |
| | | | | 设备管理制度完善性（E4） | 0.206 |
| | | 物料风险（G） | 0.196 | 危险物质种类（G1） | 0.578 |
| | | | | 危险物质存量（G2） | 0.108 |
| | | | | 危险物质能量（G3） | 0.073 |
| | | | | 产品抽检合格率（G4） | 0.241 |
| 园区管理（B3） | 0.284 | 安全管理水平（M） | 0.201 | 隐患整改率（M1） | 0.253 |
| | | | | 危化品经营许可证持有率（M2） | 0.078 |
| | | | | 执法检查重视程度（M3） | 0.143 |
| | | | | 安全标准化水平（M4） | 0.031 |
| | | | | 污染物排放风险（M5） | 0.495 |
| | | 信息系统建设水平（I） | 0.092 | 危化企业监测信息数据化程度（I1） | 0.600 |
| | | | | 重大危险源监控覆盖率（I2） | 0.200 |
| | | | | 5G网络建设水平（I3） | 0.200 |

续表

| 方案层 | 权重 | 因素层 | 权重 | 指标层 | 权重 |
|--------|------|--------|------|--------|------|
| 园区管理（B3） | 0.284 | 应急救援管理（R） | 0.707 | 专家库资源（R1） | 0.318 |
|  |  |  |  | 应急预案健全性（R2） | 0.309 |
|  |  |  |  | 安全人员应急救援水平（R3） | 0.054 |
|  |  |  |  | 消防应急救援能力（R4） | 0.144 |
|  |  |  |  | 医疗应急救援能力（R5） | 0.138 |
|  |  |  |  | 应急物资保障情况（R6） | 0.037 |

为了更直观地表示各风险要素相对重要程度，利用风险要素指标权重计算各指标在整体评价指标中所占比重，如图6-2所示。

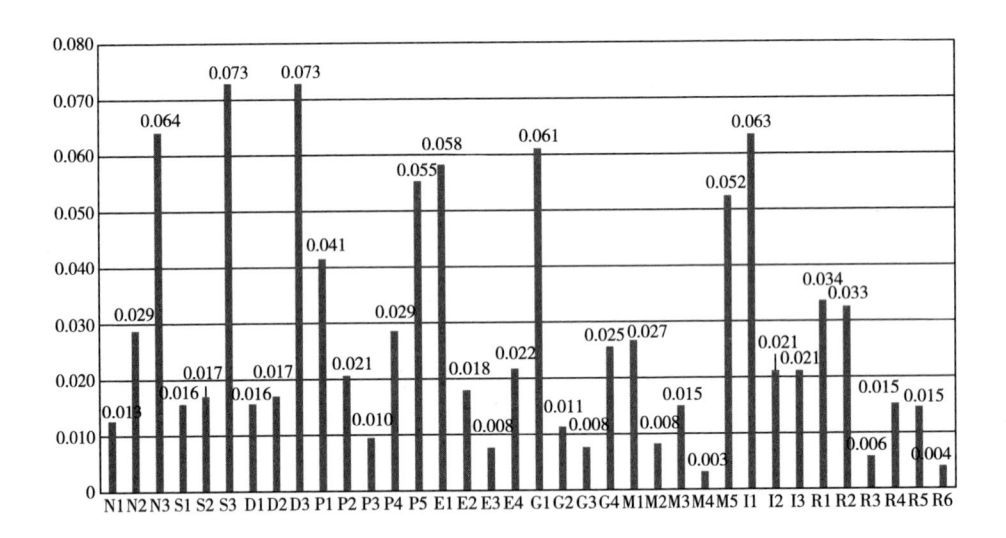

图6-2 指标权重占比

根据化工园区各风险要素权重柱状图（见图6-2）可知，化工园区环境方面，环境质量等级（N3）、公众风险接受程度（S3）以及交通布局（D3）对园区安全水平影响较大；企业安全状况指标，安全培训合格率（P1）、人员密度（P4）、设施暴露性（E1）、危险物质种类（G1）等产生较大影响；园区管理方面，污染物排放（M5）、危化企业监测信息数据化程度（I1）、专家库资源（R1）以及应急预案健全性（R2）等指标需要给予重视，基本符合现代化工园区安全管理现状。

## 第三节　化工园区风险值计算

### 一、定量指标风险评价

（一）自然环境（N）

1. 自然灾害风险（N1）

根据《关于加强自然灾害救助评估工作的指导意见》相关标准，自然灾害风险指数可以利用自然灾害所造成的直接经济损失与地区生产总值、物价指数的比值计算直接灾损率。直接灾损率越高，则化工园区所处区域受自然灾害影响程度越深，依据计算结果，对自然灾害风险系数进行赋值：0.2（低风险）、0.4（较低风险）、0.6（一般风险）、0.8（较高风险）、1.0（高风险）。为更好区分不同风险等级的层次关系，取值范围设置为取上限，不含下限，如 $x\sim y$ 表示取值范围为 $x<t\leqslant y$，自然灾害风险折算系数赋值如表6-15所示。

表6-15　自然灾害风险折算系数

| 风险系数 | 0.2 | 0.4 | 0.6 | 0.8 | 1.0 |
| --- | --- | --- | --- | --- | --- |
| 灾损率 | 0~0.05% | 0.05%~0.1% | 0.1%~0.15% | 0.15%~0.2% | 大于0.2% |

由于2020年东营市未发生严重自然灾害，因此解决根据《2021年中国统计年鉴》所公布的山东省自然灾害损失情况，2020年山东省因旱灾、洪涝、

滑坡、泥石流等灾害而造成的直接经济损失约为102.5亿元，2019年地区生产总值为71067.5亿元，物质指数为102.8。直接灾损率计算方式和结果如式（6-1）、式（6-2）所示。

直接灾损率＝直接经济损失／（地区生产总值×上一年物价水平）×100%

$$(6-1)$$

$$N_1 = \frac{102.5}{73129 \times 1.032} \times 100\% = 0.136\%  \quad (6-2)$$

直接灾损率指标计算结果对应的风险等级和风险系数如表6-16所示。

表6-16 自然灾害风险系数

| 指标 | 计算结果 | 风险等级 | 风险系数 |
|---|---|---|---|
| 自然灾害风险 | 0.136% | 一般风险 | 0.6 |

自然灾害风险计算所需指标均来自《东营市统计年鉴》，对指标权重及信源可靠性进行折扣处理，并利用上文构建的单信源—单指标融合模型可计算得到基本概率数。首先，设置风险可能性识别框架为 $\Theta = (\theta_1, \theta_2, \theta_3, \theta_4, \theta_5)$，$\theta_1$、$\theta_2$、$\theta_3$、$\theta_4$、$\theta_5$分别对应低风险、较低风险、一般风险、较高风险、高风险。其次，指标可靠性和权重均取1，结合专家打分情况确定指标基本概率数，如表6-17所示。

表6-17 自然灾害风险概率

| 方案 | DSmt | 风险概率 ||||| 
|---|---|---|---|---|---|---|
|  |  | $\theta_1$ | $\theta_2$ | $\theta_3$ | $\theta_4$ | $\theta_5$ |
| 自然灾害风险（N1） | $P(N_1)$ | 0.276 | 0.212 | 0.164 | 0.154 | 0.194 |

综合上式，根据指标计算所得风险系数及对应的风险概率，可计算得到自然灾害指标风险值，如式6-3所示。

$$N_1 = S_{N1} \times P(\theta_1) = 0.6 \times 0.164 = 0.098 \qquad (6\text{-}3)$$

**2. 生态安全等级（N2）**

现阶段，东营港经济开发区主要面临的生态安全问题是水土流失，因此本书选用水土流失率（$s$）和绿化覆盖率（$t$）作为衡量化工园区生态安全等级的主要指标。

水土流失率（$s$）。水土流失面积是动态监测区域水土流失等级的重要指标，因此可以利用水土流失面积计算水土流失率，计算方式如式（6-4）所示。

$$\text{水土流失率}(s) = （\text{水土流失面积}/\text{区域总面积}）\times 100\% \qquad (6\text{-}4)$$

绿化覆盖率（$t$）。本书参考谢花林、张新时提出的以20%的森林覆盖率作为衡量区域生态安全等级的临界标准，结合实际项目建设的最低标准30%，因此本书认为每提高10%的森林覆盖率就降低生态安全风险一个等级，计算方式如式（6-5）所示。

$$\text{绿化覆盖率}(t) = （\text{绿化种植面积}/\text{区域总面积}）\times 100\% \qquad (6\text{-}5)$$

水土流失率（$s$）与绿化覆盖率（$t$）指标风险折算系数如表6-18所示。

**表6-18 生态安全等级风险折算系数**

| 风险系数 | 0.2 | 0.4 | 0.6 | 0.8 | 1.0 |
| --- | --- | --- | --- | --- | --- |
| 水土流失率 | 0%~3% | 3%~6% | 6%~9% | 9%~12% | >12% |
| 绿化覆盖率 | 40%~100% | 30%~40% | 20%~30% | 10%~20% | 0%~10% |

根据《东营市统计年鉴》公布数据，2020年东营市建成区绿化覆盖面积为64.984平方千米，东营市建成区面积为155.83平方千米，绿化覆盖率如式（6-6）所示。

$$\text{绿化覆盖率}(s) = (64.984/155.83) \times 100\% = 41.7\% \qquad (6\text{-}6)$$

2020年东营市水土流失面积为51.32平方千米，区域面积约为8243平方千米，水土流失等级计算公式如式6-7所示。

水土流失率$(t)=(51.32/8243)\times100\%=0.622\%$ （6-7）

绿化覆盖率（$s$）和水土流失率（$t$）指标计算结果对应风险等级及风险系数如表6-19所示。

表6-19 生态安全风险系数

| 指标 | 计算结果 | 风险等级 | 风险系数 |
|---|---|---|---|
| 水土流失率 | 0.622% | 低风险 | 0.2 |
| 绿化覆盖率 | 41.7% | 低风险 | 0.2 |

化工园区生态安全指标属于多指标—单信源模型，因此应根据专家打分情况对指标权重进行折扣处理，利用上文构建的多指标—单信源模型进行融合处理，基本概率如表6-20所示。

表6-20 生态安全风险概率

| 方案 | DSmt | 风险概率 ||||| 
|---|---|---|---|---|---|---|
| | | $\theta_1$ | $\theta_2$ | $\theta_3$ | $\theta_4$ | $\theta_5$ |
| 生态安全风险（N2） | $P(N_2)$ | 0.448 | 0.277 | 0.046 | 0.056 | 0.173 |

综合上式，根据指标计算结果所对应风险系数及风险概率，可得到指标风险值，如式（6-8）所示。

$$N_2=m_s\times p(\theta_3)+m_t\times p(\theta_2)=0.2\times0.448+0.2\times0.448=0.179 \quad (6-8)$$

3. 环境质量等级（N3）

环境质量评价内容主要包括空气环境质量和水环境质量，指标风险系数赋值标准如表6-21所示。

## 第六章 大数据驱动下山东省化工园区风险监测预警案例研究

表6-21 环境质量风险折算系数

| 环境质量评分 | >100 分 | 90~100 分 | 80~90 分 | 70~80 分 | 70 分以下 |
|---|---|---|---|---|---|
| 空气环境质量 | 0.2 | 0.4 | 0.6 | 0.8 | 1 |
| 水环境质量 | 0.2 | 0.4 | 0.6 | 0.8 | 1 |

根据东营市气象局信息公开文件，2020年1~12月东营港空气环境质量评分和水环境质量评分如表6-22所示。

表6-22 环境质量评分

| 月份 | 1 | 2 | 3 | 4 | 5 | 6 | 7 | 8 | 9 | 10 | 11 | 12 |
|---|---|---|---|---|---|---|---|---|---|---|---|---|
| 空气环境质量等级（分） | 91.6 | 106.5 | 122.8 | 136.5 | 122.5 | 123.1 | 88.5 | 109.6 | 81.6 | 96.6 | 128.5 | 78 |
| 水环境质量等级（分） | 100 | 100 | 100 | 100 | 100 | 100 | 98 | 100 | 100 | 100 | 100 | 100 |

对于空气环境质量等级和水环境质量等级而言，指标信源均为政府统计数据，因此应根据专家打分情况的指标权重进行折扣处理，利用多指标—单信源融合模型进行融合处理，基本概率数如表6-23所示。

表6-23 环境质量风险概率

| 方案 | DSmt | 风险概率 | | | | |
|---|---|---|---|---|---|---|
| | | $\theta_1$ | $\theta_2$ | $\theta_3$ | $\theta_4$ | $\theta_5$ |
| 环境质量（N3） | $P(N_3)$ | 0.358 | 0.300 | 0.209 | 0.055 | 0.078 |

综合上式，根据指标计算结果所对应风险系数及风险概率，可得到指标风险值，如式（6-9）所示。

$$N_3 = \frac{\sum [m_e \times p(\theta_i) + m_w \times p(\theta_i)]}{12} = 0.164 \tag{6-9}$$

## （二）人员风险（P）

### 1. 安全培训合格率（P1）

根据化工园区实际接受安全教育培训人数，安全教育培训率计算公式如式（6-10）及风险系数折算标准如表（6-24）所示。

$$安全教育培训合格率 = (合格人数/培训人数) \times 100\% \quad (6-10)$$

表6-24 安全教育培训率风险折算系数

| 安全培训合格率 | >90% | 80%~90% | 70%~80% | 60%~70% | 0%~60% |
|---|---|---|---|---|---|
| P1 | 0.2 | 0.4 | 0.6 | 0.8 | 1 |

根据东营港经济开发区政府网站公示信息，2020年化工园区参加安全教育培训总人数为2025人且全部通过安全教育考试，因此园区安全教育培训合格率计算结果如式（6-11）和表6-25所示。

$$安全培训合格率 = (2025/2025) \times 100\% = 100\% \quad (6-11)$$

表6-25 安全培训合格率风险系数

| 指标 | 计算结果 | 风险等级 | 风险系数 |
|---|---|---|---|
| 安全培训合格率 | 100% | 低风险 | 0.2 |

根据专家评价结果，利用单指标—单信源融合模型计算基本概率数，如表6-26所示。

表6-26 安全培训合格率风险概率

| 指标 | 风险概率 ||||| 
|---|---|---|---|---|---|
| | $\theta_1$ | $\theta_2$ | $\theta_3$ | $\theta_4$ | $\theta_5$ |
| 安全培训合格率 | 0.006 | 0.007 | 0.011 | 0.016 | 0.960 |

综合上式，根据指标计算结果所对应风险系数及风险概率，可得到指标风险值，如式（6-12）所示。

$$P_1 = m_{P_1} \times p(\theta_1) = 0.2 \times 0.006 = 0.0012 \tag{6-12}$$

2. 持证上岗率（P2）

员工技术水平不足、安全意识缺失等原因是引发园区事故的重大隐患，因为员工技术水平属于无量纲定量指标，因此本书选用持证上岗率作为衡量车间员工安全意识评价标准，持证上岗率越低，员工技术水平、安全意识等方面越欠缺，该指标计算方式如式（6-13）和风险系数折算标准表6-27所示。

$$持证上岗率 = (证件持有人数/总人数) \times 100\% \tag{6-13}$$

表6-27　持证上岗率风险折算系数

| 持证上岗率 | $t>95\%$ | 90%~95% | 85%~90% | 80%~85% | 0%~80% |
|---|---|---|---|---|---|
| P2 | 0.2 | 0.4 | 0.6 | 0.8 | 1 |

根据《东营市统计年鉴》公开数据显示，东营港经济开发区共有员工13958人，其中，证件持有人数为13679人，员工持证上岗率计算结果如式（6-14）所示。

$$持证上岗率 = (13679/13958) \times 100\% = 98\% \tag{6-14}$$

员工持证上岗率指标计算结果对应的风险等级及风险系数如表6-28所示。

表6-28　持证上岗率风险系数

| 指标 | 计算结果 | 风险等级 | 风险系数 |
|---|---|---|---|
| 持证上岗率 | 98% | 低风险 | 0.2 |

根据专家打分情况，利用单指标—单信源融合模型进行计算，得到基本概率数，如表 6-29 所示。

表 6-29  持证上岗率风险概率

| 指标 | 风险概率 ||||| 
|---|---|---|---|---|---|
| | $\theta_1$ | $\theta_2$ | $\theta_3$ | $\theta_4$ | $\theta_5$ |
| 持证上岗率 | 0.915 | 0.013 | 0.016 | 0.025 | 0.030 |

综合上式，根据指标计算结果所对应风险系数及风险概率，可得到指标风险值，如式（6-15）所示。

$$P_2 = m_{P2} \times p(\theta_1) = 0.2 \times 0.915 = 0.183 \tag{6-15}$$

3. 三违率（P3）

员工操作失误、指令执行不正确、使用不安全装备、过度强调生产等违章行为是导致事故发生或产生风险的主要原因，依据《危化品安全管理条件》等相关法律标准，"三违率"指标计算方式如式（6-16）所示，风险折算系数标准如表 6-30 所示。

$$三违率 = (违纪人数/从业人数) \times 100\% \tag{6-16}$$

表 6-30  三违率风险折算系数

| 三违率 | 0%~1% | 1%~2% | 2%~3% | 3%~5% | >5% |
|---|---|---|---|---|---|
| P3 | 0.2 | 0.4 | 0.6 | 0.8 | 1 |

根据东营港经济开发区所公示的抽查结果，违规操作员工数为 286 人，计算结果如式（6-17）所示。

$$三违率 = (286/13958) \times 100\% = 2.049\% \tag{6-17}$$

三违率指标计算结果对应风险等级和风险系数如表 6-31 所示。

表 6-31 三违率风险系数

| 指标 | 计算结果 | 风险等级 | 风险系数 |
|---|---|---|---|
| 三违率 | 2.049% | 一般风险 | 0.6 |

根据专家打分情况,利用单指标—单信源融合模型进行计算,如表 6-32 所示。

表 6-32 三违率风险概率

| 指标 | 风险概率 | | | | |
|---|---|---|---|---|---|
| | $\theta_1$ | $\theta_2$ | $\theta_3$ | $\theta_4$ | $\theta_5$ |
| 三违率 | 0.014 | 0.009 | 0.914 | 0.028 | 0.035 |

综合上式,根据指标计算结果所对应风险系数及风险概率,可得到指标风险值,如式(6-18)所示。

$$P_3 = m_{P3} \times p(\theta_3) = 0.6 \times 0.914 = 0.548 \tag{6-18}$$

**4. 人员密度(P4)**

园区系统单位面积人口密度越大,安全事故发生所导致的人员伤亡程度越大,园区风险程度越高,其计算方式如式(6-19)、式(6-20)所示,风险系数折算标准如表 6-33 所示。

$$人口密度 = 园区总人数/园区占地面积 \tag{6-19}$$

$$人口密度 = 13958/90 = 155.1(人/平方千米) \tag{6-20}$$

表 6-33 人员密度风险折算系数

| 人员密度(人/平方千米) | 0~500 | 500~1000 | 1000~2000 | 2000~3000 | e>3000 |
|---|---|---|---|---|---|
| P4 | 0.2 | 0.4 | 0.6 | 0.8 | 1.0 |

根据《东营市统计年鉴》公开数据显示，东营港经济开发区从业人员13958人，化工园区占地面积为90平方千米，计算结果如表6-34所示。

表6-34 人员密度风险系数

| 指标 | 计算结果 | 风险等级 | 风险系数 |
|---|---|---|---|
| 人员密度 | 155.1人/平方千米 | 低风险 | 0.2 |

人员密度指标计算结果对应风险等级和风险系数如表6-34所示。

根据专家打分情况，利用单指标—单信源融合模型进行计算，得到基本概率数，如表6-35所示。

表6-35 人员密度风险概率

| 指标 | 风险概率 | | | | |
|---|---|---|---|---|---|
| | $\theta_1$ | $\theta_2$ | $\theta_3$ | $\theta_4$ | $\theta_5$ |
| 人员密度 | 0.016 | 0.037 | 0.057 | 0.073 | 0.817 |

综合上式，根据指标计算结果所对应风险系数及风险概率，可得到指标风险值，如式（6-21）所示。

$$P_4 = m_{P4} \times p(\theta_1) = 0.2 \times 0.016 = 0.0032 \qquad (6\text{-}21)$$

5. 年龄结构（P5）

儿童及老年群体由于身体机能未成熟或退化等原因，对于园区安全事件承受能力差，生命易受威胁。因此，化工园区儿童及老年人口所占比例越大，人员风险等级越高，其计算方式如式（6-22），风险系数折算标准如表6-36所示。

年龄结构脆弱性=0~17岁儿童占比+60岁及以上老年人口占比　（6-22）

## 第六章　大数据驱动下山东省化工园区风险监测预警案例研究

表 6-36　年龄结构风险折算系数

| 年龄结构 | 0%~10% | 10%~20% | 20%~30% | 30%~35% | >35% |
|---|---|---|---|---|---|
| P5 | 0.2 | 0.4 | 0.6 | 0.8 | 1 |

根据东营市公安局统计数据，东营市 0~17 岁儿童占比为 13.69%，60 岁及以上老年人口占比为 14.96%，因此计算结果对应风险等级和风险系数如表 6-37 所示。

表 6-37　年龄结构风险系数

| 指标 | 计算结果 | 风险等级 | 风险系数 |
|---|---|---|---|
| 年龄结构 | 28.47% | 一般风险 | 0.6 |

根据专家打分情况，利用单指标—单信源融合模型进行计算，如表 6-38 所示。

表 6-38　年龄结构风险概率

| 指标 | 风险概率 | | | | |
|---|---|---|---|---|---|
|  | $\theta_1$ | $\theta_2$ | $\theta_3$ | $\theta_4$ | $\theta_5$ |
| 年龄结构 | 0.067 | 0.592 | 0.069 | 0.130 | 0.142 |

综合上式，根据指标计算结果所对应风险系数及风险概率，可得到指标风险值，如式（6-23）所示。

$$P_5 = m_{P5} \times p(\theta_3) = 0.6 \times 0.069 = 0.0414 \tag{6-23}$$

（三）危险物质风险（G）

根据 2021 年东营港经济开发区化工园区项目规划，化工园区拟建项目主要危险物质存量及反应能量如表 6-39 所示。

表 6-39  主要危险物质存量及反应能量

| 序号 | 物质名称 | 企业名称 | 存量（万吨/年） | a+b+c<br>a：燃烧爆炸危险性；<br>b：活性反应；<br>c：健康危害 |
|---|---|---|---|---|
| 1 | 甲基叔丁基醚（g1） | 东营市海科瑞林化工有限公司 | 3 | 4+2+2 |
|  |  | 山东天弘化学有限公司 | 3.34 | 4+2+2 |
|  |  | 山东神驰石化有限公司 | 35.89 | 4+2+2 |
|  |  | 山东宏旭化学股份有限公司 | 5 | 4+2+2 |
|  |  | 山东华滨化工科技有限公司 | 2.96 | 4+2+2 |
|  |  | 山东鲁深发化工有限公司 | 4 | 4+2+2 |
| 2 | 丙烯（g2） | 东营市海科瑞林化工有限公司 | 4.8 | 4+3+2 |
|  |  | 东营市亚通石化有限公司 | 7.15 | 4+3+2 |
|  |  | 山东天弘化学有限公司 | 10 | 4+3+2 |
|  |  | 山东神驰石化有限公司 | 15 | 4+3+2 |
|  |  | 山东华滨化工科技有限公司 | 14.1 | 4+3+2 |
| 3 | 丙烷（g3） | 东营市海科瑞林化工有限公司 | 1.32 | 5+5+5 |
|  |  | 东营市亚通石化有限公司 | 2.35 | 5+5+5 |
|  |  | 山东华滨化工科技有限公司 | 0.09 | 5+5+5 |
| 4 | 硫黄（g4） | 东营市海科瑞林化工有限公司 | 1.5 | 4+3+3 |
|  |  | 东营市亚通石化有限公司 | 1.67 | 4+3+3 |
| 5 | 柴油（g5） | 东营市海科瑞林化工有限公司 | 117.56 | 4+1+1 |
|  |  | 山东天弘化学有限公司 | 131.83 | 4+1+1 |
| 6 | 液化石油气（g6） | 东营市海科瑞林化工有限公司 | 9.16 | 5+3+2 |
|  |  | 东营市亚通石化有限公司 | 42.642 | 5+3+2 |
|  |  | 山东天弘化学有限公司 | 44 | 5+3+2 |
|  |  | 山东华滨化工科技有限公司 | 12.805 | 5+3+2 |
| 7 | 石脑油（g7） | 东营市海科瑞林化工有限公司 | 12.11 | 4+1+3 |
|  |  | 东营市亚通石化有限公司 | 79.21 | 4+1+3 |
|  |  | 山东天弘化学有限公司 | 36 | 4+1+3 |
| 8 | 汽油（g8） | 东营市海科瑞林化工有限公司 | 73.4 | 4+1+4 |
|  |  | 东营市亚通石化有限公司 | 25.7 | 4+1+4 |
|  |  | 山东天弘化学有限公司 | 111.71 | 4+1+4 |

续表

| 序号 | 物质名称 | 企业名称 | 存量（万吨/年） | a+b+c<br>a：燃烧爆炸危险性；<br>b：活性反应；<br>c：健康危害 |
|---|---|---|---|---|
| 9 | 异辛烷（g9） | 东营市海科瑞林化工有限公司 | 14.28 | 4+2+2 |
|  |  | 东营市亚通石化有限公司 | 11.53 | 4+2+2 |
|  |  | 山东华滨化工科技有限公司 | 16 | 4+2+2 |
| 10 | 硫酸（g10） | 东营联合石化有限责任公司 | 25 | 4+3+3 |
|  |  | 东营市亚通石化有限公司 | 0.74 | 4+3+3 |
|  |  | 山东天弘化学有限公司 | 12.45 | 4+3+3 |
|  |  | 山东华滨化工科技有限公司 | 1.12 | 4+3+3 |
| 11 | 芳烃（g11） | 东营联合石化有限责任公司 | 150 | 3+0+2 |
|  |  | 山东天弘化学有限公司 | 10 | 3+0+2 |
|  |  | 山东神驰石化有限公司 | 20.3 | 3+0+2 |
|  |  | 山东华滨化工科技有限公司 | 1 | 3+0+2 |

1. 危险物质种类（G1）

危险物质具有易燃、易爆、有毒及腐蚀等类型，危险品种类数直接影响园区安全，风险折算系数方式如表6-40所示。

表6-40 危险物质种类风险折算系数

| 危险物质种类（G1） | 1~3种 | 4~7种 | 8~10种 | 10~12种 | 13种以上 |
|---|---|---|---|---|---|
| 风险折算系数 | 0.2 | 0.4 | 0.6 | 0.8 | 1 |

根据上述统计数据，化工园区主要危险物质有11种，对应风险等级和风险系数如表6-41所示。

表6-41 危险物质种类风险系数

| 指标 | 计算结果 | 风险等级 | 风险系数 |
|---|---|---|---|
| 危险物质种类（G1） | 11种 | 较高风险 | 0.8 |

危险物质种类折算系数计算所需数据可以通过企业年报查询获得，每一个企业均可以作为独立的个体，因此需利用多信源—单指标模型对其融合处理得到基本概率数，如表6-42，计算方式如式（6-24）所示。

表 6-42　危险物质种类风险概率

| 方案 | DSmt | 风险概率 ||||| 
|---|---|---|---|---|---|---|
| | | $\theta_1$ | $\theta_2$ | $\theta_3$ | $\theta_4$ | $\theta_5$ |
| 危险物质种类（G1） | $P(G_1)$ | 0.120 | 0.198 | 0.093 | 0.353 | 0.236 |

综合上式，根据指标计算结果所对应风险系数及风险概率，可得到指标风险值，如式（6-24）所示。

$$G_1 = S(G_1) \times P(G_1) = 0.8 \times 0.353 = 0.282 \tag{6-24}$$

2. 危险物质存量（G2）

危险物质年产量一方面代表了企业危险物质的生产能力，另一方面代表了危化品储存量，因此年产量越高，企业风险等级越高，其后果严重程度折算方式如表6-43所示。

表 6-43　危险物质存量风险折算系数

| 危险物质存量（G2）（万吨/年） | 0~50 | 50~100 | 100~150 | 150~200 | >200 |
|---|---|---|---|---|---|
| 风险折算系数 | 0.2 | 0.4 | 0.6 | 0.8 | 1.0 |

各类危险物质存量指标计算过程如上述过程所示，对同一指标在所有信源上的数据，利用可靠性进行折扣后融合处理得到的基本概率数，计算结果如表6-44所示。

## 第六章 大数据驱动下山东省化工园区风险监测预警案例研究

表 6-44 危险物质存量风险概率

| 方案 | DSmt | 概率 | | | | |
|---|---|---|---|---|---|---|
| | | $\theta_1$ | $\theta_2$ | $\theta_3$ | $\theta_4$ | $\theta_5$ |
| 甲基叔丁基醚（g1） | $P(g_1)$ | 0.180 | 0.313 | 0.280 | 0.147 | 0.080 |
| 丙烯（g2） | $P(g_2)$ | 0.275 | 0.284 | 0.200 | 0.163 | 0.078 |
| 丙烷（g3） | $P(g_3)$ | 0.510 | 0.114 | 0.082 | 0.066 | 0.228 |
| 硫黄（g4） | $P(g_4)$ | 0.625 | 0.000 | 0.079 | 0.108 | 0.188 |
| 柴油（g5） | $P(g_5)$ | 0.474 | 0.157 | 0.048 | 0.227 | 0.094 |
| 液化石油气（g6） | $P(g_6)$ | 0.392 | 0.221 | 0.230 | 0.053 | 0.104 |
| 石脑油（g7） | $P(g_7)$ | 0.113 | 0.354 | 0.237 | 0.237 | 0.059 |
| 汽油（g8） | $P(g_8)$ | 0.112 | 0.196 | 0.421 | 0.178 | 0.093 |
| 异辛烷（g9） | $P(g_9)$ | 0.248 | 0.312 | 0.307 | 0.078 | 0.055 |
| 硫酸（g10） | $P(g_{10})$ | 0.504 | 0.291 | 0.072 | 0.023 | 0.110 |
| 芳烃（g11） | $P(g_{11})$ | 0.253 | 0.504 | 0.089 | 0.062 | 0.092 |

得到各个指标在所有信源上的得分后，以化工园区为信源，对所有指标进行融合处理，利用指标权重对所有信源上的综合融合结果再进行融合，解决化工园区风险多源异构融合模型的构建问题，化工园区危险物质基本概率数如表 6-45 所示。

表 6-45 危险物质存量风险概率

| 方案 | DSmt | 概率 | | | | |
|---|---|---|---|---|---|---|
| | | $\theta_1$ | $\theta_2$ | $\theta_3$ | $\theta_4$ | $\theta_5$ |
| 危险物质 | $P(G)$ | 0.505 | 0.279 | 0.103 | 0.044 | 0.069 |

综合上式，根据指标计算结果所对应风险系数及风险概率，可得到指标风险值如式（6-25）所示。

$$G_2 = S(G_2) \times P(G_2) = \frac{\sum_{n}^{n=11} s(g_n) \times p(g_n)}{n} = 0.084 \tag{6-25}$$

## 3. 危险物质能量（G3）

危险物质能量包括燃烧和爆炸危险性、活性反应以及对人体健康的危害，不同危化品所蕴含的能量不同，事故发生所造成的严重程度有所差异，根据化学品危害性对风险发生后果危害程度进行赋值，危险物质能量风险折算系数如表 6-46 所示。

表 6-46　危险物质能量风险折算系数

| 危险物质能量（G3） | 0~3 | 3~6 | 6~9 | 9~12 | 12~15 |
|---|---|---|---|---|---|
| 风险折算系数 | 0.2 | 0.4 | 0.6 | 0.8 | 1.0 |

化工企业各类危险物质能量风险系数如表 6-47 所示。

表 6-47　危险物质能量风险系数

| 序号 | 物质名称 | a+b+c<br>a：燃烧和爆炸危险性；<br>b：活性反应；<br>c：健康危害 | 风险等级 | 风险系数 |
|---|---|---|---|---|
| 1 | 甲基叔丁基醚（g1） | 8 | 一般风险 | 0.6 |
| 2 | 丙烯（g2） | 9 | 一般风险 | 0.6 |
| 3 | 丙烷（g3） | 15 | 高风险 | 1.0 |
| 4 | 硫黄（g4） | 10 | 较高风险 | 0.8 |
| 5 | 柴油（g5） | 5 | 较低风险 | 0.4 |
| 6 | 液化石油气（g6） | 10 | 较高风险 | 0.8 |
| 7 | 石脑油（g7） | 8 | 一般风险 | 0.6 |
| 8 | 汽油（g8） | 9 | 一般风险 | 0.6 |
| 9 | 异辛烷（g9） | 8 | 一般风险 | 0.6 |
| 10 | 硫酸（g10） | 10 | 较高风险 | 0.8 |
| 11 | 芳烃（g11） | 5 | 较低风险 | 0.4 |

综合上式，根据指标计算结果所对应风险系数及风险概率，可得到指标风险值，如式（6-26）所示。

$$G_3 = S(G_3) \times P(G_3) = \frac{\sum_{n}^{n=11} s(g_n) \times p(g_n)}{n} = 0.064 \quad (6-26)$$

4. 产品抽检合格率（G4）

产品合格率与企业安全密切相关，尤其对于危险性极高的化学产品，稍有不慎将引发严重事故，因此风险等级划分极为严苛，其计算方式如式（6-27）所示，以及风险折算系数如表 6-48 所示。

$$\text{产品抽检合格率} = （\text{抽检数}/\text{合格数}）\times 100\% \quad (6-27)$$

表 6-48 产品抽检合格率风险折算系数

| 产品抽检合格率（G4） | >95% | 90%~95% | 85%~90% | 80%~85% | <80% |
|---|---|---|---|---|---|
| 风险折算系数 | 0.2 | 0.4 | 0.6 | 0.8 | 1.0 |

根据东营港经济开发区政务公开相关内容，年度化工产品质量抽查，计划抽查化工企业 127 家，实际共抽查符合样品要求的企业 69 家，抽查样品 93 批次，合格率为 100%，其计算方式如式（6-28）所示。

$$\text{产品抽检合格率} = （93/93）\times 100\% = 100\% \quad (6-28)$$

危险物质种类指标对应风险等级和风险系数如表 6-49 所示。

表 6-49 产品抽检合格率风险系数

| 指标 | 计算结果 | 风险等级 | 风险系数 |
|---|---|---|---|
| 危险物质种类（G1） | 100% | 低风险 | 0.2 |

根据专家打分情况，利用单指标—单信源融合模型进行计算，得到基本概率数，如表 6-50 所示。

表 6-50　产品抽检合格率风险概率

| 方案 | DSmt | 风险概率 ||||| 
|---|---|---|---|---|---|---|
| | | $\theta_1$ | $\theta_2$ | $\theta_3$ | $\theta_4$ | $\theta_5$ |
| 抽检合格率 | $P(g_1)$ | 0.276 | 0.212 | 0.164 | 0.154 | 0.194 |

综合上式，根据指标计算结果所对应风险系数及风险概率，可得到指标风险值，如式（6-29）所示。

$$g_4 = S(g_4) \times P(g_4) = 0.2 \times 0.276 = 0.0552 \tag{6-29}$$

（四）企业安全状况

1. 隐患整改率（M1）

M1 表示隐患整改率，根据现场隐患抽查情况、现场整改情况以及责令限期整改情况进行赋值，隐患整改计算方式见式（6-30），风险折算系数如表 6-51 所示。

$$隐患整改率 = (隐患整改数 / 隐患数) \times 100\% \tag{6-30}$$

表 6-51　隐患整改率风险折算系数

| 隐患整改率（M1） | 95%~100% | 90%~95% | 85%~90% | 80%~85% | <80% |
|---|---|---|---|---|---|
| 风险折算系数 | 0.2 | 0.4 | 0.6 | 0.8 | 1.0 |

根据东营港经济开发区化工园区安全生产双随机检查情况，共发现安全隐患 1577 处，其中 92 处安全隐患当场整改，1485 处隐患责令后期整改，截至 2021 年底，所有隐患均已整改完成。因此，隐患整改率计算方式如式（6-31）所示。

$$M_1 = 安全隐患整改 / 发现安全隐患总数 = \left(\frac{92}{1577} + \frac{1485}{1577}\right) \times 100\% = 100\%$$

$$\tag{6-31}$$

隐患整改风险指标对应风险等级和风险系数如表 6-52 所示。

## 第六章 大数据驱动下山东省化工园区风险监测预警案例研究

表 6-52 隐患整改率风险系数

| 指标 | 计算结果 | 风险等级 | 风险系数 |
|---|---|---|---|
| 隐患整改率（M1） | 100% | 低风险 | 0.2 |

根据专家打分情况，利用单指标—单信源融合模型进行计算，得到基本概率数，如表 6-53 所示。

表 6-53 隐患整改率风险概率

| 方案 | DSmt | 风险概率 ||||| 
|---|---|---|---|---|---|---|
| | | $\theta_1$ | $\theta_2$ | $\theta_3$ | $\theta_4$ | $\theta_5$ |
| 隐患整改率（M1） | $P(M_1)$ | 0.341 | 0.163 | 0.177 | 0.152 | 0.167 |

综合上式，根据指标计算结果所对应风险系数及风险概率，可得到指标风险值，如式（6-32）所示。

$$M_1 = S(M_1) \times P(M_1) = 0.2 \times 0.341 = 0.068 \tag{6-32}$$

2. 危化品经营许可证持有率（M2）

M2 表示危化品经营许可证持有率，依据化工园区危化品经营企业所持有的经营许可证持有比例进行赋值，折算系数具体折算系数如表 6-54 所示。

$$经营许可证持有率 = 许可证持有企业 / 危化品经营企业 \tag{6-33}$$

表 6-54 危化品经营许可证持有率风险折算系数

| 危化品经营许可证持有率（M2） | 95%~100% | 90%~95% | 85%~90% | 80%~85% | <80% |
|---|---|---|---|---|---|
| 风险折算系数 | 0.2 | 0.4 | 0.6 | 0.8 | 1.0 |

根据东营港经济开发区所登记的危化品经营许可信息，共 23 家危化企业获得经营许可证，计算结果如式（6-34）所示。

$$M_2 = \frac{许可证持有企业}{危化经营企业} = \frac{23}{23} \times 100\% = 100\% \tag{6-34}$$

许可证持有风险指标对应风险等级和风险系数如表6-55所示。

表6-55 经营许可证持有率风险系数

| 指标 | 计算结果 | 风险等级 | 风险系数 |
|---|---|---|---|
| 危化品经营许可证持有率（M2） | 100% | 低风险 | 0.2 |

根据专家打分情况，利用单指标—单信源融合模型进行计算，如表6-56所示。

表6-56 经营许可证持有率风险概率

| 方案 | DSmt | 风险概率 ||||  |
|---|---|---|---|---|---|---|
|  |  | $\theta_1$ | $\theta_2$ | $\theta_3$ | $\theta_4$ | $\theta_5$ |
| 危化品经营许可证持有率（M2） | $P(M_2)$ | 0.311 | 0.244 | 0.122 | 0.110 | 0.213 |

综合上式，根据指标计算结果所对应风险系数及风险概率，可得到指标风险值，如式（6-35）所示。

$$M_2 = S(M_2) \times P(M_2) = 0.2 \times 0.311 = 0.062 \tag{6-35}$$

3. 执法检查重视程度（M3）

M3表示执法检查重视程度，依据危化品经营和生产企业在执法检查企业所占比例不同进行赋值，计算方式如式（6-36），风险折算系数如表6-57所示。

$$执法检查重视程度 = 危化企业数 / 重点执法检查企业数 \tag{6-36}$$

表6-57 执法检查重视程度风险折算系数

| 执法检查重视程度（M3） | 80%以上 | 70%~80% | 60%~70% | 50%~60% | <50% |
|---|---|---|---|---|---|
| 风险折算系数 | 0.2 | 0.4 | 0.6 | 0.8 | 1.0 |

依据政府所公布的重点执法检查企业名单信息，通过计算危化企业占执法检查企业的比例可以得出政府对危化企业的执法重视度。根据政府公示信息，重点执法检查企业共 68 家，其中危化企业 42 家，因此计算结果如式（6-37）所示。

$$M_3 = \frac{危化企业}{重点执法检查企业} = \frac{42}{68} \times 100\% = 61.8\% \tag{6-37}$$

执法检查重视程度指标对应风险等级和风险系数如表 6-58 所示。

表 6-58　执法检查重视程度风险系数

| 指标 | 计算结果 | 风险等级 | 风险系数 |
| --- | --- | --- | --- |
| 执法检查重视程度（M3） | 61.8% | 一般等级 | 0.6 |

根据专家打分情况，利用单指标—单信源融合模型进行计算，如表 6-59 所示。

表 6-59　执法检查重视程度风险概率

| 方案 | DSmt | 风险概率 | | | | |
| --- | --- | --- | --- | --- | --- | --- |
| | | $\theta_1$ | $\theta_2$ | $\theta_3$ | $\theta_4$ | $\theta_5$ |
| 执法检查重视程度（M3） | $P(M_3)$ | 0.296 | 0.310 | 0.165 | 0.134 | 0.095 |

综合上式，根据指标风险系数及风险概率得到指标风险值，如式（6-38）所示。

$$M_3 = S(M_3) \times P(M_3) = 0.6 \times 0.165 = 0.099 \tag{6-38}$$

4. 安全标准化水平（M4）

M4 表示化工园区安全标准化水平，指标计算方式如式（6-39）所示，具体风险折算系数标准如表 6-60 所示。

$$安全标准化水平 = (安全达标企业/企业总数) \times 100\% \tag{6-39}$$

表 6-60　安全标准化风险折算系数

| 安全标准化水平（M4） | 90%以上 | 80%~90% | 70%~80% | 60%~70% | 60%以下 |
|---|---|---|---|---|---|
| 风险折算系数 | 0.2 | 0.4 | 0.6 | 0.8 | 1.0 |

通过查阅政府相关文件，东营港经济开发区化工园区危化经营企业均已实现安全生产标准化，计算结果如式 6-40 所示。

$$M_4 = \frac{\text{安全达标企业}}{\text{危化品经营企业}} = \frac{23}{23} \times 100\% = 100\% \tag{6-40}$$

安全标准化指标对应风险等级和风险系数如表 6-61 所示。

表 6-61　安全标准化风险系数

| 指标 | 计算结果 | 风险等级 | 风险系数 |
|---|---|---|---|
| 安全标准化水平（M4） | 100% | 低风险 | 0.2 |

根据专家打分情况，利用单指标—单信源融合模型进行计算，得到风险基本概率数，如表 6-62 所示。

表 6-62　安全标准化风险概率

| 方案 | DSmt | 风险概率 ||||| 
|---|---|---|---|---|---|---|
| | | $\theta_1$ | $\theta_2$ | $\theta_3$ | $\theta_4$ | $\theta_5$ |
| 安全标准化水平（M4） | $P(M_4)$ | 0.273 | 0.337 | 0.184 | 0.110 | 0.096 |

综合上式，根据指标计算结果所对应风险系数及风险概率，可得到指标风险值，如式 6-41 所示。

$$M_4 = S(M_4) \times P(M_4) = 0.2 \times 0.273 = 0.055 \tag{6-41}$$

5. 污染物排放情况（M5）

M5 表示化工园区污染物排放情况，本书主要讨论废气 $W_a$ 排放情况，根据东营港生态环境领域所公布信息进行计算，$W_a$ 选取二氧化硫、氮氧化物、颗粒物以及硫酸雾作为污染物主要研究对象，污染物排放风险折算系数如

表 6-63 所示。

表 6-63　污染物排放风险折算系数

| 临界比 | 0~0.2 | 0.2~0.4 | 0.4~0.6 | 0.6~0.8 | 0.8~1.0 |
|---|---|---|---|---|---|
| $\dfrac{m_i}{m_0}$ | 0.2 | 0.4 | 0.6 | 0.8 | 1 |

化工企业废气重点监测内容包括二氧化硫、氮氧化物、颗粒物及化学需氧量，根据 2021 年山东省污染源监测信息共享系统所公布的监测数据，化工园区内部重点监测企业废气排放数据如表 6-64 所示。

表 6-64　污染物排放风险系数

| 序号 | 企业名称 | 监测点名称 | 监测项目名称 | 污染物浓度 | 标准限值 | $\dfrac{m_i}{m_0}$ | 风险系数 |
|---|---|---|---|---|---|---|---|
| 1 | 东营市海科瑞林化工有限公司 | 3 万吨/年硫黄尾气处理脱硫塔排气筒 | 二氧化硫 | 2 | 400 | 0.05 | 0.2 |
|  |  |  | 硫酸雾 | 2 | 30 | 0.07 | 0.2 |
|  |  | 再生烟气脱硫塔 | 氮氧化物 | 74 | 200 | 0.37 | 0.4 |
|  |  |  | 二氧化硫 | 9 | 100 | 0.09 | 0.2 |
|  |  |  | 颗粒物 | 6.7 | 20 | 0.34 | 0.4 |
| 2 | 东营联合石化有限责任公司 | 加氢装置加热炉排气筒 | 氮氧化物 | 19 | 100 | 0.19 | 0.2 |
|  |  |  | 二氧化硫 | 15 | 50 | 0.30 | 0.4 |
|  |  |  | 颗粒物 | 1.9 | 10 | 0.19 | 0.2 |
|  |  | 渣油脱蜡装置脱蜡炉排气筒 | 氮氧化物 | 19 | 150 | 0.13 | 0.2 |
|  |  |  | 二氧化硫 | 3 | 50 | 0.06 | 0.2 |
|  |  |  | 颗粒物 | 1.6 | 20 | 0.08 | 0.2 |
| 3 | 东营市亚通石化有限公司 | 催化裂化烟气脱硫排气筒 | 氮氧化物 | 82 | 200 | 0.41 | 0.6 |
|  |  |  | 二氧化硫 | 18 | 100 | 0.18 | 0.2 |
|  |  |  | 颗粒物 | 3.6 | 20 | 0.18 | 0.2 |
|  |  | 加裂加热炉排气筒 | 氮氧化物 | 36 | 100 | 0.36 | 0.4 |
|  |  |  | 二氧化硫 | 8 | 50 | 0.16 | 0.2 |
|  |  |  | 颗粒物 | 5.6 | 10 | 0.56 | 0.6 |

续表

| 序号 | 企业名称 | 监测点名称 | 监测项目名称 | 污染物浓度 | 标准限值 | $\frac{m_i}{m_0}$ | 风险系数 |
|---|---|---|---|---|---|---|---|
| 4 | 山东天弘化学有限公司 | 加氢裂化 | 氮氧化物 | 45 | 150 | 0.30 | 0.4 |
| | | | 二氧化硫 | 3 | 100 | 0.03 | 0.2 |
| | | | 颗粒物 | 3.4 | 20 | 0.17 | 0.2 |
| | | 硫酸联合 | 氮氧化物 | 82 | 100 | 0.82 | 1 |
| | | | 二氧化硫 | 66 | 400 | 0.17 | 0.2 |
| | | | 颗粒物 | 7.6 | 10 | 0.76 | 0.8 |
| 5 | 山东神驰石化有限公司 | 催化剂再生烟气 | 氮氧化物 | 74 | 100 | 0.74 | 0.8 |
| | | | 二氧化硫 | 27 | 50 | 0.54 | 0.6 |
| | | | 颗粒物 | 5.8 | 10 | 0.58 | 0.6 |
| 6 | 山东科鲁尔化学有限公司 | WWI焚烧炉废气排放口 | 氮氧化物 | 34 | 100 | 0.34 | 0.4 |
| | | | 二氧化硫 | 3 | 50 | 0.06 | 0.2 |
| | | | 颗粒物 | 2.8 | 10 | 0.28 | 0.4 |
| 7 | 山东宏旭化学股份有限公司 | 6吨/小时焚烧炉排气筒 | 氮氧化物 | 88 | 250 | 0.35 | 0.4 |
| | | | 二氧化硫 | 22 | 80 | 0.28 | 0.4 |
| | | | 颗粒物 | 1.4 | 10 | 0.14 | 0.2 |
| 8 | 山东华滨化工科技有限公司 | 硫酸回收装置焚烧炉 | 氮氧化物 | 43 | 100 | 0.43 | 0.6 |
| | | | 二氧化硫 | 8 | 50 | 0.16 | 0.2 |
| | | | 颗粒物 | 3.3 | 10 | 0.33 | 0.4 |
| 9 | 东营科宏化工有限公司 | 废水废气总排口 | 化学需氧量 | 71 | 500 | 0.14 | 0.2 |
| | | | 氨氮 | 4.49 | 45 | 0.10 | 0.2 |
| 10 | 山东龙港化工有限公司 | MTBE加热炉1# | 氮氧化物 | 40 | 100 | 0.40 | 0.4 |
| | | | 颗粒物 | 1 | 10 | 0.1 | 0.2 |
| | | | 二氧化硫 | 2 | 50 | 0.04 | 0.2 |
| 11 | 山东鲁深发化工有限公司 | 锅炉排气筒1# | 氮氧化物 | 26 | 100 | 0.26 | 0.4 |
| | | | 二氧化硫 | 7 | 50 | 0.14 | 0.2 |
| | | | 颗粒物 | 1.6 | 10 | 0.16 | 0.2 |

以东营市海科瑞林化工有限公司废气排放情况为例，主要监测点有3万吨/年硫黄尾气处理脱硫塔排气筒和再生烟气脱硫塔两个，3万吨/年硫黄尾气

处理脱硫塔排气筒主要监测项目包括二氧化硫和硫酸雾，再生烟气脱硫塔包括氮氧化物、二氧化硫和颗粒物，因此应构建多指标—多信源融合模型计算基本概率数。首先，在对指标权重进行折扣处理的基础上，对同一信源的所有指标上的监测数据进行融合，再对信源可靠系数进行折扣处理。其次，将所有信源上的综合融合结果进行再融合，以此实现多源异构融合模型的构建。

根据专家评分结果，东营港经开区化工园区主要危化企业污染物排放风险基本概率数如表6-65所示。

表6-65　污染物排放风险概率

| 序号 | 企业名称 | $\theta_1$ | $\theta_2$ | $\theta_3$ | $\theta_4$ | $\theta_5$ |
|---|---|---|---|---|---|---|
| 1 | 东营市海科瑞林化工有限公司 | 0.445 | 0.473 | 0.033 | 0.017 | 0.032 |
| 2 | 东营联合石化有限责任公司 | 0.402 | 0.480 | 0.053 | 0.021 | 0.044 |
| 3 | 东营市亚通石化有限公司 | 0.574 | 0.344 | 0.032 | 0.025 | 0.025 |
| 4 | 山东天弘化学有限公司 | 0.148 | 0.671 | 0.077 | 0.042 | 0.062 |
| 5 | 山东神驰石化有限公司 | 0.157 | 0.346 | 0.346 | 0.097 | 0.054 |
| 6 | 山东科鲁尔化学有限公司 | 0.331 | 0.272 | 0.220 | 0.106 | 0.071 |
| 7 | 山东宏旭化学股份有限公司 | 0.501 | 0.229 | 0.056 | 0.068 | 0.146 |
| 8 | 山东华滨化工科技有限公司 | 0.178 | 0.102 | 0.067 | 0.132 | 0.521 |
| 9 | 东营科宏化工有限公司 | 0.357 | 0.341 | 0.146 | 0.061 | 0.095 |
| 10 | 山东龙港化工有限公司 | 0.354 | 0.393 | 0.169 | 0.028 | 0.056 |
| 11 | 山东鲁深发化工有限公司 | 0.509 | 0.217 | 0.125 | 0.031 | 0.118 |

通过构建多信源—多指标融合模型，得到化工园区各企业污染物风险基本概率数。在此基础上，本书进一步构建多粒度—多信源融合模型，对所有信源的综合融合结果进行再融合，利用可靠系数对信源进行折扣处理。由于排放物动态监测数据均来自山东省污染源监测信息共享系统，默认作为独立信源的化工企业可靠系数相当，同时为保证可靠系数加总为1，因此设置东营市海科瑞林化工有限公司可靠系数为0.09，剩余企业可靠系数均为0.091，基

本概率数如表 6-66 所示。

表 6-66 污染物排放风险概率

| 方案 | DSmt | 风险概率 | | | | |
|---|---|---|---|---|---|---|
| | | $\theta_1$ | $\theta_2$ | $\theta_3$ | $\theta_4$ | $\theta_5$ |
| 污染物排放（M5） | $P(M_5)$ | 0.476 | 0.436 | 0.040 | 0.009 | 0.039 |

综合上式，根据指标计算结果所对应风险系数及风险概率，可得到指标风险值，如式（6-42）所示。

$$M_5 = \frac{\sum S(M_5) \times P(M_5)}{11} = 0.405 \tag{6-42}$$

（五）信息系统建设

1. 危化企业监测信息数据化程度（I1）

化工企业安全管理与新一代信息技术的深度融合是现代化工企业提升本质安全水平和风险防控能力的必然要求。数据化程度指标计算方式如式（6-43）所示。

数据化程度 =（信息数据化企业/危化企业）×100%  (6-43)

根据企业监测信息数据化程度，对企业监测信息数据化风险系数进行赋值，如表 6-67 所示。

表 6-67 监测信息数据化风险折算系数

| 危化企业监测信息数据化程度（I1） | 0~60% | 60%~70% | 70%~80% | 80%~90% | >90% |
|---|---|---|---|---|---|
| 风险折算系数 | 1.0 | 0.8 | 0.6 | 0.4 | 0.2 |

依据东营港经济开发区公布数据，现有 21 家危化品经营企业已实现监测信息数据化，化工园区监测信息数据化程度计算方式如式（6-44）所示。

监测信息数据化程度 =（21/23）×100% = 91.3%　　　　　　　(6-44)

监测信息数据化指标对应风险等级和风险系数如表 6-68 所示。

表 6-68　监测信息数据化风险系数

| 指标 | 计算结果 | 风险等级 | 风险系数 |
|---|---|---|---|
| 危化企业监测信息数据化程度（I1） | 91.3% | 一般风险 | 0.2 |

根据专家打分情况，利用单指标—单信源融合模型进行计算，得到基本风险概率数，如表 6-69 所示。

表 6-69　监测信息数据化风险概率

| 指标 | DSMT | 风险概率 | | | | |
|---|---|---|---|---|---|---|
| | | $\theta_1$ | $\theta_2$ | $\theta_3$ | $\theta_4$ | $\theta_5$ |
| 危化企业监测信息数据化程度（I1） | $P(I_1)$ | 0.302 | 0.289 | 0.203 | 0.100 | 0.106 |

综合上式，根据指标计算结果所对应风险系数及风险概率，可得到指标风险值，如式（6-45）所示。

$$I_1 = m_{I1} \times p(\theta_1) = 0.2 \times 0.302 = 0.0604 \quad (6-45)$$

2. 重大危险源监控覆盖率（I2）

化工园区重大事故发生及造成严重损失的主要原因是监控覆盖率不足导致管理者不知情、无应急。监控系统的目的是实时监测危险源的状态并对其未来趋势做出预测，及时发现隐患问题并采取措施加以控制，避免风险失控导致事故发生。重大危险源监控覆盖率表示化工园区监控设备数量对应重大危险源数量的比例，其计算方式如式（6-46）所示。

监控覆盖率 =（规范监控危险源数量/危险源数量）×100%　　(6-46)

重大危险源监控覆盖率指标风险系数折算标准如表 6-70 所示。

表 6-70　监控覆盖率风险折算系数

| 重大危险源监控覆盖率（I2） | 0~60% | 60%~70% | 70%~80% | 80%~90% | >90% |
|---|---|---|---|---|---|
| 风险折算系数 | 1.0 | 0.8 | 0.6 | 0.4 | 0.2 |

依据东营港经济开发区公布数据，东营港经济开发区化工园区危化企业已实现重大危险源监控覆盖率全覆盖，化工园区重大危险源监控覆盖率计算方式如式（6-47）所示。

$$危险源监控覆盖率 = (228/228) \times 100\% = 100\% \tag{6-47}$$

重大危险源监控覆盖率指标对应风险等级和风险系数如表6-71所示。

表 6-71　监控覆盖率风险系数

| 指标 | 计算结果 | 风险等级 | 风险系数 |
|---|---|---|---|
| 重大危险源监控覆盖率（I2） | 100% | 低风险 | 0.2 |

根据专家打分情况，利用单指标—单信源融合模型进行计算，得到风险基本概率数，如表6-72所示。

表 6-72　监控覆盖率风险概率

| 方案 | DSmt | 风险概率 ||||| 
|---|---|---|---|---|---|---|
| | | $\theta_1$ | $\theta_2$ | $\theta_3$ | $\theta_4$ | $\theta_5$ |
| 重大危险源监控覆盖率（I2） | $P(I_2)$ | 0.298 | 0.294 | 0.196 | 0.074 | 0.138 |

综合上式，根据指标计算结果所对应风险系数及风险概率，可得到指标风险值，如式（6-48）所示。

$$I_2 = m_{I2} \times p(\theta_1) = 0.2 \times 0.298 = 0.0596 \tag{6-48}$$

3. 5G 网络建设水平（I3）

5G技术为实现风险管理现代化提供可能，化工园区5G网络建设水平可以用基站建设水平来表示，比较项目计划建设总量与已建成基站数目进行赋值，网络建设水平计算方式如式（6-49）所示。

5G 网络建设水平=（已建成 5G 基站数量/计算建设总数量）×100%

(6-49)

网络建设指标风险系数折算标准如表 6-73 所示。

表 6-73　5G 网络建设水平风险折算系数

| 5G 网络建设水平（I3） | 0~60% | 60%~70% | 70%~80% | 80%~90% | >90% |
|---|---|---|---|---|---|
| 风险折算系数 | 1.0 | 0.8 | 0.6 | 0.4 | 0.2 |

根据东营政府关于智慧化工园区建设项目，计划建设 5G 基站 8766 个，现已建成 2221 个，据此计算化工园区 5G 网络建设水平，如式（6-50）所示。

5G 网络建设水平=（2221/8766）×100%=25.34%　　(6-50)

网络建设指标对应风险等级和风险系数如表 6-74 所示。

表 6-74　5G 网络建设水平风险系数

| 指标 | 计算结果 | 风险等级 | 风险系数 |
|---|---|---|---|
| 5G 网络建设水平（I3） | 25.34% | 高风险 | 1 |

根据专家打分情况，利用单指标—单信源融合模型进行计算，得到基本概率数，如表 6-75 所示。

表 6-75　5G 网络建设水平风险概率

| 方案 | DSmt | 风险概率 ||||| 
|---|---|---|---|---|---|---|
| | | $\theta_1$ | $\theta_2$ | $\theta_3$ | $\theta_4$ | $\theta_5$ |
| 5G 基站网络建设水平（I3） | $P(I_3)$ | 0.205 | 0.261 | 0.113 | 0.173 | 0.248 |

综合上式，根据指标计算结果所对应风险系数及风险概率，可得到指标风险值，如式6-51所示。

$$I_3 = m_{I3} \times p(\theta_5) = 1 \times 0.248 = 0.248 \quad (6-51)$$

## 二、定性指标风险评价

对于定性指标的风险评价，运用专家打分法评价化工园区风险等级（见附录2），设置风险评价等级识别框架为 $\Theta = (\theta_1, \theta_2, \theta_3, \theta_4, \theta_5)$，分别对应低风险（0，0.1，0.2）、较低风险（0.2，0.3，0.4）、一般风险（0.4，0.5，0.6）、较高风险（0.6，0.7，0.8）、高风险（0.8，0.9，1.0）。邀请不同领域专家，如高校教授、安全评估专家及企业管理人员进行评价。参与化工园区风险要素评价的每位专家都可以视为单独的信源，因此需要确定其权重和可靠性。权重指专家对评价项目的重要性程度，可靠性则表示专家对评价项目给出准确评价的可能性，根据专家背景及历史评价信息，确定权重和可靠性如表6-76所示。

表 6-76　专家权重及可靠性

| 专家 | 背景 | 权重 | 可靠性 |
| --- | --- | --- | --- |
| 专家 $s_1$ | 高校教授 | 0.4 | 0.9 |
| 专家 $s_2$ | 安全评估专家 | 0.3 | 1.0 |
| 专家 $s_3$ | 安全管理人员 | 0.3 | 0.8 |

由于化工园区突发安全事件时，剩余16个主观指标需结合专家经济及风险事件可能情境进行综合考虑，可以通过专家打分方式获得风险得分。专家 $s_1$、$s_2$、$s_3$ 关于化工园区要素打分情况见表6-77，各指标下设5个选项，依次为低风险、较低风险、中等风险、较高风险、高风险，专家凭借经验评价指标要素在各个风险等级的概率，具体打分情况如表6-77所示。

表 6-77 专家评价风险概率

| | 专家 | 风险隶属等级概率 | | | | |
|---|---|---|---|---|---|---|
| | | $\theta_1$ | $\theta_2$ | $\theta_3$ | $\theta_4$ | $\theta_5$ |
| 产业支持力度<br>(S1) | 专家 $s_1$ | 0.08 | 0.15 | 0.16 | 0.29 | 0.32 |
| | 专家 $s_2$ | 0.09 | 0.09 | 0.17 | 0.30 | 0.35 |
| | 专家 $s_3$ | 0.09 | 0.13 | 0.20 | 0.28 | 0.30 |
| 宏观经济形势<br>(S2) | 专家 $s_1$ | 0.12 | 0.12 | 0.16 | 0.29 | 0.31 |
| | 专家 $s_2$ | 0.09 | 0.11 | 0.20 | 0.30 | 0.30 |
| | 专家 $s_3$ | 0.13 | 0.11 | 0.17 | 0.28 | 0.31 |
| 公众风险<br>接受程度<br>(S3) | 专家 $s_1$ | 0.14 | 0.11 | 0.20 | 0.27 | 0.28 |
| | 专家 $s_2$ | 0.11 | 0.08 | 0.17 | 0.32 | 0.32 |
| | 专家 $s_3$ | 0.11 | 0.11 | 0.18 | 0.30 | 0.30 |
| 企业选址<br>(D1) | 专家 $s_1$ | 0.10 | 0.08 | 0.16 | 0.33 | 0.33 |
| | 专家 $s_2$ | 0.10 | 0.10 | 0.19 | 0.27 | 0.34 |
| | 专家 $s_3$ | 0.07 | 0.15 | 0.16 | 0.31 | 0.31 |
| 功能区划分<br>(D2) | 专家 $s_1$ | 0.13 | 0.10 | 0.17 | 0.31 | 0.31 |
| | 专家 $s_2$ | 0.11 | 0.10 | 0.18 | 0.27 | 0.34 |
| | 专家 $s_3$ | 0.10 | 0.11 | 0.20 | 0.30 | 0.29 |
| 交通布局<br>(D3) | 专家 $s_1$ | 0.15 | 0.15 | 0.17 | 0.25 | 0.30 |
| | 专家 $s_2$ | 0.15 | 0.13 | 0.14 | 0.29 | 0.29 |
| | 专家 $s_3$ | 0.11 | 0.10 | 0.19 | 0.28 | 0.32 |
| 设施暴露性<br>(E1) | 专家 $s_1$ | 0.14 | 0.13 | 0.17 | 0.28 | 0.28 |
| | 专家 $s_2$ | 0.10 | 0.13 | 0.19 | 0.29 | 0.29 |
| | 专家 $s_3$ | 0.08 | 0.11 | 0.21 | 0.26 | 0.34 |
| 设施先进性<br>(E2) | 专家 $s_1$ | 0.06 | 0.12 | 0.19 | 0.32 | 0.31 |
| | 专家 $s_2$ | 0.13 | 0.10 | 0.17 | 0.30 | 0.30 |
| | 专家 $s_3$ | 0.11 | 0.11 | 0.19 | 0.28 | 0.31 |
| 安全防护设施<br>(E3) | 专家 $s_1$ | 0.12 | 0.12 | 0.21 | 0.25 | 0.30 |
| | 专家 $s_2$ | 0.13 | 0.12 | 0.17 | 0.30 | 0.28 |
| | 专家 $s_3$ | 0.08 | 0.13 | 0.21 | 0.30 | 0.28 |

续表

| 专家 | | 风险隶属等级概率 | | | | |
|---|---|---|---|---|---|---|
| | | $\theta_1$ | $\theta_2$ | $\theta_3$ | $\theta_4$ | $\theta_5$ |
| 设施管理制度完善性（E4） | 专家 $s_1$ | 0.15 | 0.08 | 0.18 | 0.28 | 0.31 |
| | 专家 $s_2$ | 0.16 | 0.12 | 0.17 | 0.25 | 0.30 |
| | 专家 $s_3$ | 0.14 | 0.12 | 0.18 | 0.25 | 0.31 |
| 专家库资源（R1） | 专家 $s_1$ | 0.15 | 0.09 | 0.15 | 0.32 | 0.29 |
| | 专家 $s_2$ | 0.11 | 0.14 | 0.21 | 0.26 | 0.28 |
| | 专家 $s_3$ | 0.11 | 0.11 | 0.23 | 0.26 | 0.29 |
| 应急预案健全程度（R2） | 专家 $s_1$ | 0.08 | 0.11 | 0.19 | 0.31 | 0.31 |
| | 专家 $s_2$ | 0.10 | 0.10 | 0.19 | 0.29 | 0.32 |
| | 专家 $s_3$ | 0.09 | 0.09 | 0.20 | 0.31 | 0.31 |
| 安全人员应急救援水平（R3） | 专家 $s_1$ | 0.13 | 0.09 | 0.21 | 0.28 | 0.29 |
| | 专家 $s_2$ | 0.15 | 0.15 | 0.16 | 0.26 | 0.28 |
| | 专家 $s_3$ | 0.13 | 0.13 | 0.18 | 0.28 | 0.28 |
| 消防应急救援能力（R4） | 专家 $s_1$ | 0.06 | 0.14 | 0.22 | 0.28 | 0.30 |
| | 专家 $s_2$ | 0.14 | 0.14 | 0.15 | 0.27 | 0.30 |
| | 专家 $s_3$ | 0.12 | 0.12 | 0.20 | 0.29 | 0.27 |
| 医疗应急救援能力（R5） | 专家 $s_1$ | 0.14 | 0.13 | 0.17 | 0.25 | 0.31 |
| | 专家 $s_2$ | 0.13 | 0.08 | 0.22 | 0.25 | 0.32 |
| | 专家 $s_3$ | 0.15 | 0.11 | 0.19 | 0.27 | 0.28 |
| 应急物资保障情况（R6） | 专家 $s_1$ | 0.09 | 0.09 | 0.22 | 0.27 | 0.33 |
| | 专家 $s_2$ | 0.13 | 0.08 | 0.21 | 0.28 | 0.30 |
| | 专家 $s_3$ | 0.09 | 0.13 | 0.18 | 0.27 | 0.33 |

利用 Shafer 折扣，对 $p_n$ 进行折扣处理，首先基于权重 $w_i$，再基于可靠性 $\lambda_i$ 进行双重折扣得到证据 $m_i^{w,\lambda}$，如式（6-52）和式（6-53）所示。

$$m_i^w(\theta) = \begin{cases} w_i m_i(\theta), & \theta \subset \Theta \\ w_i m_i(\theta) + 1 - w_i, & \theta = \Theta \end{cases} \quad (6\text{-}52)$$

$$m_i^{w,\lambda}(\theta) = \begin{cases} \lambda_i w_i m_i(\theta), & \theta \subset \Theta \\ \lambda_i [w_i m_i(\theta) + 1 - w_i] + (1-\lambda_i) = \lambda_i w_i m_i(\theta) + 1 - \lambda_i w_i, & \theta = \Theta \end{cases}$$

(6-53)

双重折扣后的 $m_i^{w,\lambda}$，具体计算结果如表 6-78 所示。

表 6-78 双重折扣风险概率

| 指标 | 专家 | 风险隶属等级概率 ||||| 
| --- | --- | --- | --- | --- | --- | --- |
| | | $\theta_1$ | $\theta_2$ | $\theta_3$ | $\theta_4$ | $\theta_5$ |
| 产业支持力度<br>(S1) | 专家 $s_1$ | 0.08 | 0.15 | 0.16 | 0.29 | 0.32 |
| | 专家 $s_2$ | 0.09 | 0.09 | 0.17 | 0.30 | 0.35 |
| | 专家 $s_3$ | 0.09 | 0.13 | 0.20 | 0.28 | 0.30 |
| 宏观经济形势<br>(S2) | 专家 $s_1$ | 0.12 | 0.12 | 0.16 | 0.29 | 0.31 |
| | 专家 $s_2$ | 0.09 | 0.11 | 0.20 | 0.30 | 0.30 |
| | 专家 $s_3$ | 0.13 | 0.11 | 0.17 | 0.28 | 0.31 |
| 公众风险<br>接受程度<br>(S3) | 专家 $s_1$ | 0.14 | 0.11 | 0.20 | 0.27 | 0.28 |
| | 专家 $s_2$ | 0.11 | 0.08 | 0.17 | 0.32 | 0.32 |
| | 专家 $s_3$ | 0.11 | 0.11 | 0.18 | 0.30 | 0.30 |
| 企业选址<br>(D1) | 专家 $s_1$ | 0.10 | 0.08 | 0.16 | 0.33 | 0.33 |
| | 专家 $s_2$ | 0.10 | 0.10 | 0.19 | 0.27 | 0.34 |
| | 专家 $s_3$ | 0.07 | 0.15 | 0.16 | 0.31 | 0.31 |
| 功能区划分<br>(D2) | 专家 $s_1$ | 0.13 | 0.10 | 0.17 | 0.30 | 0.30 |
| | 专家 $s_2$ | 0.11 | 0.10 | 0.18 | 0.27 | 0.34 |
| | 专家 $s_3$ | 0.10 | 0.11 | 0.20 | 0.30 | 0.29 |
| 交通布局<br>(D3) | 专家 $s_1$ | 0.15 | 0.15 | 0.17 | 0.25 | 0.29 |
| | 专家 $s_2$ | 0.15 | 0.13 | 0.14 | 0.29 | 0.29 |
| | 专家 $s_3$ | 0.11 | 0.10 | 0.19 | 0.28 | 0.32 |
| 设施暴露性<br>(E1) | 专家 $s_1$ | 0.14 | 0.13 | 0.17 | 0.28 | 0.28 |
| | 专家 $s_2$ | 0.10 | 0.13 | 0.19 | 0.29 | 0.29 |
| | 专家 $s_3$ | 0.08 | 0.11 | 0.21 | 0.26 | 0.34 |

续表

| 指标 | 专家 | 风险隶属等级概率 ||||| 
| --- | --- | --- | --- | --- | --- | --- |
| | | $\theta_1$ | $\theta_2$ | $\theta_3$ | $\theta_4$ | $\theta_5$ |
| 设施先进性（E2） | 专家 $s_1$ | 0.06 | 0.12 | 0.19 | 0.32 | 0.31 |
| | 专家 $s_2$ | 0.13 | 0.10 | 0.17 | 0.30 | 0.30 |
| | 专家 $s_3$ | 0.11 | 0.11 | 0.19 | 0.28 | 0.31 |
| 安全防护设施（E3） | 专家 $s_1$ | 0.12 | 0.12 | 0.21 | 0.25 | 0.30 |
| | 专家 $s_2$ | 0.13 | 0.12 | 0.17 | 0.30 | 0.28 |
| | 专家 $s_3$ | 0.08 | 0.13 | 0.21 | 0.30 | 0.28 |
| 设备管理制度完善（E4） | 专家 $s_1$ | 0.15 | 0.08 | 0.18 | 0.28 | 0.31 |
| | 专家 $s_2$ | 0.16 | 0.12 | 0.17 | 0.25 | 0.30 |
| | 专家 $s_3$ | 0.14 | 0.12 | 0.18 | 0.25 | 0.31 |
| 专家库资源（R1） | 专家 $s_1$ | 0.15 | 0.09 | 0.15 | 0.32 | 0.29 |
| | 专家 $s_2$ | 0.11 | 0.14 | 0.21 | 0.26 | 0.28 |
| | 专家 $s_3$ | 0.11 | 0.11 | 0.23 | 0.26 | 0.29 |
| 应急预案健全性（R2） | 专家 $s_1$ | 0.08 | 0.11 | 0.19 | 0.31 | 0.31 |
| | 专家 $s_2$ | 0.10 | 0.10 | 0.19 | 0.29 | 0.32 |
| | 专家 $s_3$ | 0.09 | 0.09 | 0.20 | 0.31 | 0.31 |
| 安全人员应急救援水平（R3） | 专家 $s_1$ | 0.13 | 0.09 | 0.21 | 0.28 | 0.29 |
| | 专家 $s_2$ | 0.15 | 0.15 | 0.16 | 0.26 | 0.28 |
| | 专家 $s_3$ | 0.13 | 0.13 | 0.18 | 0.28 | 0.28 |
| 消防应急救援能力（R4） | 专家 $s_1$ | 0.06 | 0.14 | 0.22 | 0.28 | 0.30 |
| | 专家 $s_2$ | 0.14 | 0.14 | 0.15 | 0.27 | 0.30 |
| | 专家 $s_3$ | 0.12 | 0.12 | 0.20 | 0.29 | 0.27 |
| 医疗应急救援能力（R5） | 专家 $s_1$ | 0.14 | 0.13 | 0.17 | 0.25 | 0.31 |
| | 专家 $s_2$ | 0.13 | 0.08 | 0.22 | 0.25 | 0.32 |
| | 专家 $s_3$ | 0.15 | 0.11 | 0.19 | 0.27 | 0.28 |
| 应急物资保障情况（R6） | 专家 $s_1$ | 0.09 | 0.09 | 0.22 | 0.27 | 0.33 |
| | 专家 $s_2$ | 0.13 | 0.08 | 0.21 | 0.28 | 0.30 |
| | 专家 $s_3$ | 0.09 | 0.13 | 0.18 | 0.27 | 0.33 |

选择专家给出概率最为接近的 $p_i^n$ 和 $p_i^{n'}$，将二者对应的 $\theta_n$ 和 $\theta_n'$ 进行合并

得到 $\{\theta_n, \theta'_n\}$，选择任一概率作为 $\{\theta_n, \theta'_n\}$ 的信度，另一个作为 $\Theta$ 的信度，以产业政策支持力度（S1）为例，根据上述过程生成如式 6-54 所示的专家推断证据 $m_i$ $(i=1, 2, 3)$。

$$\begin{cases} m_1 = \{(\theta_1, 0.08), [(\theta_2, \theta_3), 0.15], (\Theta, 0.16), (\theta_4, 0.29), (\theta_5, 0.32)\} \\ m_2 = \{[(\theta_1, \theta_2), 0.09], (\Theta, 0.09), (\theta_3, 0.17), (\theta_4, 0.30), (\theta_5, 0.35)\} \\ m_3 = \{(\theta_1, 0.09), (\theta_2, 0.13), (\theta_3, 0.20), [(\theta_4, \theta_5), 0.28], (\Theta, 0.30)\} \end{cases}$$

(6-54)

利用 Shafer 折扣，对 $p_n$ 进行折扣处理，首先基于权重 $w_i$，再基于可靠性 $\lambda_i$ 进行双重折扣得到证据 $\dot{m}_i^{w,\lambda}$，各指标风险隶属等级概率如表 6-82 所示。

$$\dot{m}_i^w(\theta) = \begin{cases} w_i m_i(\theta), & \theta \subset \Theta \\ w_i m_i(\theta) + 1 - w_i, & \theta = \Theta \end{cases} \quad (6-55)$$

$$\dot{m}_i^{w,\lambda}(\theta) = \begin{cases} \lambda_i w_i m_i(\theta), & \theta \subset \Theta \\ \lambda_i [w_i m_i(\theta) + 1 - w_i] + (1 - \lambda_i) = \lambda_i w_i m_i(\theta) + 1 - \lambda_i w_i, & \theta = \Theta \end{cases} \quad (6-56)$$

双重折扣后的 $m_i^{w,\lambda}$ 具体如表 6-79 所示。

$$\begin{cases} \dot{m}_1 = \{(\theta_1, 0.029), [(\theta_2, \theta_3), 0.054], (\Theta, 0.698), (\theta_4, 0.104), (\theta_5, 0.115)\} \\ \dot{m}_2 = \{[(\theta_1, \theta_2), 0.027], (\Theta, 0.727), (\theta_3, 0.051), (\theta_4, 0.09), (\theta_5, 0.105)\} \\ \dot{m}_3 = \{(\theta_1, 0.021), (\theta_2, 0.032)(\theta_3, 0.048), [(\theta_4, \theta_5), 0.067], (\Theta, 0.832)\} \end{cases}$$

(6-57)

$$K = 1 - \sum_{\cap x_i = \emptyset} \prod_i m_i(x_i) = \sum_{\cap x_i \neq \emptyset} \prod_i m_i(x_i) = 0.061 \quad (6-58)$$

$\dot{m}_1 \oplus \dot{m}_2 \oplus \dot{m}_3 \{\theta_1\} =$

$$\frac{\dot{m}_1(\{\theta_1\}) \times \dot{m}_2(\{\theta_1, \theta_2\}) + \dot{m}_1(\{\theta_1\})\dot{m}_3(\{\theta_1\}) + \dot{m}_2(\{\theta_1, \theta_2\})\dot{m}_3(\{\theta_1\})}{k}$$

$= 0.023 \dot{m}_1 \oplus \dot{m}_2 \oplus \dot{m}_3 \{\theta_2\} = = 0.042$

$\dot{m}_1 \oplus \dot{m}_2 \oplus \dot{m}_3 \{\theta_3\} = = 0.128$

$\dot{m}_1 \oplus \dot{m}_2 \oplus \dot{m}_3 \{\theta_4\} = = 0.367$

$$\dot{m}_1 \oplus \dot{m}_2 \oplus \dot{m}_3 \{\theta_5\} ==0.440 \qquad (6-59)$$

表 6-79 DS 融合风险概率

| 指标 | DSMT | 风险隶属等级融合概率 ||||| 
|---|---|---|---|---|---|---|
| | | $\theta_1$ | $\theta_2$ | $\theta_3$ | $\theta_4$ | $\theta_5$ |
| 产业支持力度（S1） | $P(S_1)$ | 0.023 | 0.042 | 0.128 | 0.367 | 0.440 |
| 宏观经济形势（S2） | $P(S_2)$ | 0.033 | 0.047 | 0.137 | 0.373 | 0.410 |
| 公众风险接受程度（S3） | $P(S_3)$ | 0.088 | 0.061 | 0.207 | 0.322 | 0.322 |
| 企业选址（D1） | $P(D_1)$ | 0.045 | 0.062 | 0.159 | 0.324 | 0.408 |
| 功能区划分（D2） | $P(D_2)$ | 0.049 | 0.037 | 0.160 | 0.405 | 0.350 |
| 交通布局（D3） | $P(D_3)$ | 0.063 | 0.054 | 0.127 | 0.343 | 0.413 |
| 设施暴露性（E1） | $P(E_1)$ | 0.071 | 0.081 | 0.220 | 0.272 | 0.356 |
| 设施先进性（E2） | $P(E_2)$ | 0.056 | 0.074 | 0.204 | 0.316 | 0.350 |
| 安全防护设施（E3） | $P(E_3)$ | 0.027 | 0.044 | 0.175 | 0.361 | 0.393 |
| 设施管理制度完善程度（E4） | $P(E_4)$ | 0.063 | 0.034 | 0.151 | 0.329 | 0.423 |
| 专家库资源（R1） | $P(R_1)$ | 0.046 | 0.053 | 0.172 | 0.366 | 0.363 |
| 应急预案健全性（R2） | $P(R_2)$ | 0.023 | 0.032 | 0.155 | 0.382 | 0.408 |
| 安全人员应急救援水平（R3） | $P(R_3)$ | 0.064 | 0.044 | 0.161 | 0.356 | 0.375 |
| 消防应急救援能力（R4） | $P(R_4)$ | 0.027 | 0.063 | 0.167 | 0.366 | 0.377 |
| 医疗应急救援能力（R5） | $P(R_5)$ | 0.096 | 0.059 | 0.182 | 0.217 | 0.446 |
| 应急物资保障情况（R6） | $P(R_6)$ | 0.035 | 0.021 | 0.184 | 0.329 | 0.431 |

## 第四节 大数据驱动下化工园区风险模糊综合评价模型的应用

### 一、模糊综合评价集的确定

确定各指标要素权重和风险评价内容后，为了使风险评价结果更为直观并达到模糊综合评价的质量标准，本书将评判者对影响化工园区风险等级的各指标要素风险程度的评价结果构成的集合 $V$ 设置为 $V=\{\theta_1,\theta_2,\theta_3,\theta_4,\theta_5\}=\{$低风险，较低风险，一般风险，较高风险，高风险$\}$。

## 二、单因隶属度的确定

对于定性指标而言，利用基本信任函数对个体打分情况进行融合处理可得到群体融合结果，确定各专家关于风险指标评价等级的概率分布，从而确定模糊风险评价矩阵；而对于定量指标而言，则需要根据风险系数及风险概率计算指标所对应的风险等级，将被评价指标视为多个评价等级，利用等级比重法确定单指标隶属度，"√"表示指标要素风险值所对应的风险等级，风险隶属等级评价结果如表6-80所示。

表6-80 定量指标隶属度

| 方案层 | 指标层 | 风险隶属等级 ||||| 
|---|---|---|---|---|---|---|
| | | $\theta_1$ | $\theta_2$ | $\theta_3$ | $\theta_4$ | $\theta_5$ |
| 环境状况隶属度 N | 自然灾害风险（N1） | | √ | | | |
| | 生态安全风险（N2） | √ | | | | |
| | 环境质量等级（N3） | √ | | | | |
| 员工风险隶属度 P | 人员密度（P1） | √ | | | | |
| | 年龄结构（P2） | √ | | | | |
| | 安全培训合格率（P3） | √ | | | | |
| | 持证上岗率（P4） | √ | | | | |
| | 三违率（P5） | | | √ | | |
| 危险物质隶属度 G | 危险物质种类风险（G1） | | √ | | | |
| | 危险物质年产量（G2） | √ | | | | |
| | 危险物质能量（G3） | √ | | | | |
| | 抽检合格率（G4） | √ | | | | |
| 企业安全状况隶属度 M | 隐患整改率（M1） | √ | | | | |
| | 经营许可证持有率（M2） | √ | | | | |

续表

| 方案层 | 指标层 | 风险隶属等级 ||||| 
|---|---|---|---|---|---|---|
| | | $\theta_1$ | $\theta_2$ | $\theta_3$ | $\theta_4$ | $\theta_5$ |
| 企业安全状况隶属度 M | 执法检查重视程度（M3） | | | √ | | |
| | 安全标准化水平（M4） | | √ | | | |
| | 污染物排放（M5） | | | √ | | |
| 信息系统建设隶属度 I | 监测信息数据化程度（I1） | √ | | | | |
| | 监控覆盖率（I2） | √ | | | | |
| | 5G 网络建设水平（I3） | | √ | | | |

## 三、多级模糊评价矩阵的计算

（一）三级指标模糊评价矩阵

1. 自然环境（N）

自然环境状况指标权重为：$a_N = (0.120, 0.272, 0.608)$

因此，自然环境状况模糊综合评价结果为：

$$r_N = a_N \circ R_N = (0.120, 0.272, 0.608) \circ \begin{pmatrix} 0, 1, 0, 0, 0 \\ 1, 0, 0, 0, 0 \\ 1, 0, 0, 0, 0 \end{pmatrix}$$

$$= (0.880, 0.120, 0, 0, 0) \tag{6-60}$$

2. 社会环境（S）

产业政策指标评价结果为：$r_{s1} = (0.023, 0.042, 0.128, 0.367, 0.440)$

宏观经济形势指标评价结果为：$r_{s2} = (0.033, 0.047, 0.137, 0.373, 0.410)$

公众风险接受程度指标评价结果为：$r_{s3} = (0.088, 0.061, 0.207, 0.322, 0.322)$

社会环境状况指标权重为：$a_s = (0.149, 0.161, 0.690)$

因此，自然环境状况模糊综合评价结果为：

$$r_s = a_s \circ R_s = (0.149, 0.161, 0.690) \circ \begin{pmatrix} 0.023, & 0.042, & 0.128, & 0.367, & 0.440 \\ 0.033, & 0.047, & 0.137, & 0.373, & 0.410 \\ 0.088, & 0.061, & 0.207, & 0.322, & 0.322 \end{pmatrix}$$

$$= (0.069, 0.056, 0.184, 0.337, 0.354) \quad (6-61)$$

3. 内部布局（D）

企业布局指标评价结果为：$r_{D1} = (0.045, 0.062, 0.159, 0.324, 0.408)$

功能区划分指标评价结果为：$r_{D2} = (0.049, 0.037, 0.160, 0.405, 0.350)$

交通布局指标评价结果为：$r_{D3} = (0.063, 0.054, 0.127, 0.343, 0.413)$

内部布局状况指标权重为：$a_D = (0.149, 0.161, 0.690)$

因此，内部布局状况模糊综合评价结果为：

$$r_D = a_D \circ R_D = (0.149, 0.161, 0.690) \circ \begin{pmatrix} 0.045, & 0.062, & 0.159, & 0.324, & 0.408 \\ 0.049, & 0.037, & 0.160, & 0.405, & 0.350 \\ 0.063, & 0.054, & 0.127, & 0.343, & 0.413 \end{pmatrix}$$

$$= (0.058, 0.053, 0.137, 0.350, 0.402) \quad (6-62)$$

4. 人员风险（P）

人员风险指标权重为：$a_P = (0.392, 0.195, 0.090, 0.270, 0.523)$

因此，人员风险模糊综合评价结果为：

$$r_P = a_P \circ R_P = (0.392, 0.195, 0.090, 0.270, 0.053) \circ \begin{pmatrix} 1, & 0, & 0, & 0, & 0 \\ 1, & 0, & 0, & 0, & 0 \\ 1, & 0, & 0, & 0, & 0 \\ 1, & 0, & 0, & 0, & 0 \\ 0, & 0, & 1, & 0, & 0 \end{pmatrix}$$

$$= (0.947, 0, 0.053, 0, 0) \quad (6-63)$$

5. 设施风险（E）

设施暴露性指标评价结果为：$r_{E1}$ = (0.071, 0.081, 0.220, 0.272, 0.356)

设施先进性指标评价结果为：$r_{E2}$ = (0.056, 0.074, 0.204, 0.316, 0.350)

安全防护设施指标评价结果为：$r_{E3}$ = (0.027, 0.044, 0.175, 0.361, 0.393)

设施管理制度完善程度指标评价结果为：$r_{E4}$ = (0.063, 0.034, 0.151, 0.329, 0.423)

设施风险指标权重为：$a_E$ = (0.552, 0.170, 0.072, 0.206)

因此，设施风险模糊综合评价结果为：

$$r_E = a_E \circ R_E = (0.552, 0.170, 0.072, 0.206) \circ \begin{pmatrix} 0.071, 0.081, 0.220, 0.272, 0.356 \\ 0.056, 0.074, 0.204, 0.316, 0.350 \\ 0.027, 0.044, 0.175, 0.361, 0.393 \\ 0.063, 0.034, 0.151, 0.329, 0.423 \end{pmatrix}$$

$$= (0.064, 0.067, 0.200, 0.298, 0.371) \quad (6-64)$$

6. 物料风险（G）

物料风险指标权重为：$a_G$ = (0.578, 0.108, 0.073, 0.241)

因此，物料风险模糊综合评价结果为：

$$r_G = a_G \circ R_G = (0.578, 0.108, 0.073, 0.241) \circ \begin{pmatrix} 0, 1, 0, 0, 0 \\ 1, 0, 0, 0, 0 \\ 1, 0, 0, 0, 0 \\ 1, 0, 0, 0, 0 \end{pmatrix}$$

$$= (0.422, 0.578, 0, 0, 0) \quad (6-65)$$

7. 企业管理(M)

企业管理指标权重为：$a_G$ = (0.253, 0.078, 0.143, 0.031, 0.495)

因此，企业安全状况模糊综合评价结果为：

$$r_M = a_M \circ R_M = (0.253, 0.078, 0.143, 0.031, 0.495) \circ \begin{pmatrix} 1, 0, 0, 0, 0 \\ 1, 0, 0, 0, 0 \\ 0, 0, 1, 0, 0 \\ 0, 1, 0, 0, 0 \\ 0, 0, 1, 0, 0 \end{pmatrix}$$

$$= (0.331, 0.031, 0.638, 0, 0) \tag{6-66}$$

8. 信息系统建设（I）

信息系统建设指标权重为：$a_I = (0.600, 0.200, 0.200)$

因此，信息系统建设情况模糊综合评价结果为：

$$r_I = a_I \circ R_I = (0.600, 0.200, 0.200) \circ \begin{pmatrix} 1, 0, 0, 0, 0 \\ 1, 0, 0, 0, 0 \\ 0, 1, 0, 0, 0 \end{pmatrix}$$

$$= (0.800, 0.200, 0, 0, 0) \tag{6-67}$$

9. 应急救援管理（R）

专家库资源指标评价结果为：$r_{R1} = (0.046, 0.053, 0.172, 0.366, 0.363)$

应急预案健全程度指标评价结果为：$r_{R2} = (0.023, 0.032, 0.155, 0.382, 0.408)$

安全人员应急救援水平指标评价结果为：$r_{R3} = (0.064, 0.044, 0.161, 0.356, 0.375)$

消防应急救援能力指标评价结果为：$r_{R4} = (0.027, 0.063, 0.167, 0.366, 0.377)$

医疗应急救援能力指标评价结果为：$r_{R5} = (0.096, 0.059, 0.182, 0.217, 0.446)$

应急物资保障情况指标评价结果为：$r_{R6} = (0.035, 0.021, 0.184, 0.329, 0.431)$

应急救援管理指标权重为：$a_R = (0.318, 0.309, 0.054, 0144, 138, 0.037)$

因此，应急救援管理模糊综合评价结果为：

$r_R = a_R \circ R_R = (0.318, 0.309, 0.054, 0.144, 0.138, 0.037) \circ$

$$\begin{pmatrix} 0.046, & 0.053, & 0.172, & 0.366, & 0.363 \\ 0.023, & 0.032, & 0.155, & 0.382, & 0.408 \\ 0.064, & 0.044, & 0.161, & 0.356, & 0.375 \\ 0.027, & 0.063, & 0.167, & 0.366, & 0.377 \\ 0.096, & 0.059, & 0.182, & 0.217, & 0.446 \\ 0.035, & 0.021, & 0.184, & 0.329, & 0.431 \end{pmatrix}$$

$= (0.044, 0.047, 0.167, 0.348, 0.394)$ （6-68）

（二）二级指标模糊评价矩阵

1. 环境状况（B1）

自然环境指标评价结果为：$r_N = (0.880, 0.120, 0, 0, 0)$

社会环境指标评价结果为：$r_S = (0.069, 0.056, 0.184, 0.337, 0.354)$

内部布局指标评价结果为：$r_D = (0.058, 0.053, 0.137, 0.350, 0.402)$

环境状况指标权重为：$a_{B1} = (0.309, 0.582, 0.109)$

因此，环境状况模糊综合评价结果为：

$r_{B1} = a_{B1} \circ R_{B1} = (0.309, 0.582, 0.109) \circ$

$$\begin{pmatrix} 0.880, & 0.120, & 0, & 0, & 0 \\ 0.069, & 0.056, & 0.184, & 0.337, & 0.354 \\ 0.058, & 0.053, & 0.137, & 0.350, & 0.402 \end{pmatrix}$$

$= (0.318, 0.076, 0.122, 0.234, 0.250)$ （6-69）

2. 风险状况（B2）

人员风险指标评价结果为：$r_P = (0.947, 0, 0.053, 0, 0)$

设施风险指标评价结果为：$r_E = (0.064, 0.067, 0.200, 0.298, 0.371)$

物料风险指标评价结果为：$r_G = (0.422, 0.578, 0, 0, 0)$

安全风险状况指标权重为：$a_{B2} = (0.311, 0.493, 0.196)$

因此，企业安全风险状况模糊综合评价结果为：

$$r_{B1} = a_{B1} \circ R_{B1} = (0.311, 0.493, 0.196) \circ \begin{pmatrix} 0.947, 0, 0.053, 0, 0 \\ 0.064, 0.067, 0.200, 0.298, 0.371 \\ 0.422, 0.578, 0, 0, 0 \end{pmatrix}$$

$$= (0.409, 0.146, 0.115, 0.147, 0.183) \tag{6-70}$$

3. 园区管理（B3）

企业安全指标评价结果为：$r_M = (0.331, 0.031, 0.638, 0, 0)$

信息系统建设指标评价结果为：$r_I = (0.800, 0.200, 0)$

应急救援管理水平指标评价结果为：$r_R = (0.044, 0.047, 0.167, 0.348, 0.394)$

园区管理状况指标权重为：$a_{B3} = (0.201, 0.092, 0.707)$

因此，园区管理状况模糊综合评价结果为：

$$r_{B3} = a_{B3} \circ R_{B3} = (0.201, 0.092, 0.707) \circ \begin{pmatrix} 0.331, 0.031, 0.638, 0, 0 \\ 0.800, 0.200, 0, 0, 0 \\ 0.044, 0.047, 0.167, 0.348, 0.394 \end{pmatrix}$$

$$= (0.171, 0.058, 0.246, 0.246, 0.279) \tag{6-71}$$

（三）一级指标模糊评价矩阵

环境状况指标评价结果为：$r_{B1} = (0.318, 0.076, 0.122, 0.234, 0.250)$

风险特征指标评价结果为：$r_{B2} = (0.409, 0.146, 0.115, 0.147, 0.183)$

管理能力指标评价结果为：$r_{B3} = (0.171, 0.058, 0.246, 0.246, 0.279)$

风险监测预警指标权重为：$a_A = (0.097, 0.619, 0.284)$

因此，风险监测预警模糊综合评价结果为：

$r_A = a_A \circ R_A = (0.097, 0.619, 0.284)$。

$$\begin{pmatrix} 0.318, & 0.076, & 0.122, & 0.234, & 0.250 \\ 0.409, & 0.146, & 0.115, & 0.147, & 0.183 \\ 0.171, & 0.058, & 0.246, & 0.246, & 0.279 \end{pmatrix}$$

$$= (0.332, 0.114, 0.153, 0.184, 0.217) \tag{6-72}$$

### 四、化工园区综合风险评价隶属度分析

根据上文化工园区风险指标模糊综合评价结果，东营港经开区化工园区各指标要素风险隶属度具体分析如下：

对于环境状况要素而言，最大隶属度为0.318，对应低风险，在环境状况指标下的自然环境对应低风险的隶属度是0.88，这表明东营港化经济开发区化工园区很少受自然环境的影响，自然灾害发生频率较低且生态环境质量较高，应继续保持环境污染防控水平，将环境风险始终控制在较低水平；社会环境要素对应较高风险和高风险的隶属度分别为0.337、0.354，这与化工园区的社会属性息息相关，所以园区企业应强化社会意识，承担应有的社会责任，同时引导社会群体树立正确的风险意识，降低对安全事故的恐慌心理；园区内部布局对高风险等级的隶属度达到0.402，所以应加强化工园区布局与整体规划，特别注意化工园区布局对周边环境及内部企业的影响，避免多米诺骨牌效应的发生，尽可能降低事故连锁反应所造成的损失。

对于园区安全状况要素而言，最大隶属度为0.409，对应低风险，园区安全状况下的人员风险指标最高隶属度为0.947，对应低风险等级，这表明员工风险控制程度极佳，应继续保持对员工行为的管理和监督，杜绝违法违规违章现象出现；设施风险对应高风险的隶属度为0.371，对应较高风险等级的隶属度也有0.298，这表明园区设施处于高风险状态，主要与设施自身风险状态有关，化工园区设备设施大多属于自动化、密闭化、连续化的大型装置，受到高温、高压等作用条件下极易受到破坏从而引发大规模火灾、爆炸及有毒

物质泄漏等，因此应特别关注设备设施风险状态，建立健全设备管理制度，提高设备可靠程度；危险物质对应较低风险等级的隶属度是 0.587，对应低风险等级的隶属度是 0.422，这表明化工园区对危险物质的管理已趋于完善，能够将危险物质风险控制在极低水平，应当继续保持。

对于园区管理要素而言，最大隶属度为 0.279，对应高风险，对于一般风险和较高风险的隶属度也达到 0.246，三者隶属度较为接近，这表明园区管理要素处于较高风险水平。其中，企业安全状况对应较高风险的隶属度是 0.638，化工企业仍存在较大的安全隐患，企业应落实日常安全管理，及时发现问题并解决问题；信息系统建设对低风险的隶属度是 0.8，这表明园区信息化建设整体水平较高，企业应继续推进园区智慧化改造，实现重大危险源监测监控全覆盖，建设全面的智能化监控预警系统；应急救援管理对应较高风险和高风险的隶属度分别为 0.348 和 0.394，风险等级隶属度相差较小，这表明东营港化工园区应急救援管理能力处于高风险状态，无法满足化工园区应急救援管理的需要，企业应进一步完善消防、医疗、救援等资源，建立健全应急预案，切实提升园区应急救援水平。

## 第五节 基于灰色预测模型的化工园区风险预警

### 一、化工园区风险灰色预测模型

在现有化工园区风险评价基础上，利用灰色预测模型可计算得到未来几年园区风险状态。对于定量指标而言，由于 2022 版《东营市统计年鉴》尚未发布，指标风险评价数据获取受限，同时为保障风险评价指标数据的时效性，故本书只选取 2017~2020 年的数据，利用指标权重及风险矩阵计算综合风险值，作为原始样本数据构建灰色预测模型，以此实现东营港化工园区风险等级评价预测。2017~2020 年园区风险综合评价值如表 6-81 所示。

表 6-81  综合风险评价值

| 年份 | 2017 | 2018 | 2019 | 2020 |
|---|---|---|---|---|
| 综合风险评价值 | 0.633 | 0.508 | 0.537 | 0.568 |
| 风险等级 | 较高风险 | 一般风险 | 一般风险 | 一般风险 |

注：综合风险评价值等级划分，0<x≤0.2（低风险），0.2<x≤0.4（较低风险），0.4<x≤0.6（一般风险），0.6<x≤0.8（较高风险），0.8<x≤1（高风险）。

（1）以 2017~2020 年化工园区风险综合评价值为原始数据，构建数列。

$$X(0) = (0.633, 0.508, 0.537, 0.568) \tag{6-73}$$

（2）累加生成序列。

$$x^{(1)}(k) = \sum_{i=1}^{k} x^{(0)}(i) = (0.633, 1.141, 1.678, 2.246) \tag{6-74}$$

（3）方程矩阵 Y=BU，求解 Y 和 B。

$$B = \begin{pmatrix} -0.887, & 1 \\ -1.410, & 1 \\ -1.962, & 1 \end{pmatrix}, \quad Y = \begin{pmatrix} 0.508 \\ 0.537 \\ 0.568 \end{pmatrix} \tag{6-75}$$

（4）求解逆矩阵 U。

$$U = (B^T B)^{-1} = \begin{pmatrix} 1.730245, & 2.456372 \\ 2.456372, & 3.820563 \end{pmatrix} \tag{6-76}$$

（5）计算参数列。

$$(B^T B)^{-1} B^T Y = (a, u)^T = \begin{pmatrix} -0.05581575859 \\ 0.458426510396 \end{pmatrix} \tag{6-77}$$

$a = -0.05581575859$，$u = 0.458426510396$

(6) 构造灰色预测模型。

$$\frac{dx^{(1)}}{d(t)} - 0.05581575859 = 0.458426510396 \tag{6-78}$$

$$x^{(0)}(1) = 0.633, \quad \frac{u}{a} = \frac{0.458426510396}{-0.05581575859} = -8.2132093512 \tag{6-79}$$

$$\hat{x}^{(1)}(k+1) = \left(x^{(0)}(1) - \frac{u}{a}\right)e^{-ak} + \frac{u}{a} = 8.8462093512 e^{0.05581575859} - 8.2132093512 \tag{6-80}$$

## 二、灰色预测模型结果分析

表6-82为灰色预测模型构建结果，计算得到发展系数a和灰色作用量b，还需计算后验差比C值和小误差概率p值。

表6-82 灰色预测模型构建结果

| 发展系数 a | 灰色作用量 b | 后验差比 C 值 | 小误差概率 p 值 |
|---|---|---|---|
| -0.0558 | 0.4584 | 0.000 | 1.000 |

从表6-82可知，后验差比C值0.000≤0.35，意味着模型精度等级非常好。另外，小误差概率p值为0.95<p≤1.0，意味着模型精度很好，非常适合进行灰色预测。化工园区风险灰色模型预测值及模型检验如表6-83和表6-84所示。

表6-83 模型预测值

| 年份 | 原始值 | 预测值 |
|---|---|---|
| 2017 | 0.633 | 0.633 |
| 2018 | 0.508 | 0.508 |
| 2019 | 0.537 | 0.537 |

续表

| 年份 | 原始值 | 预测值 |
|---|---|---|
| 2020 | 0.568 | 0.568 |
| 2021 | — | 0.600 |
| 2022 | — | 0.635 |
| 2023 | — | 0.671 |
| 2024 | — | 0.710 |
| 2025 | — | 0.751 |

表 6-84  G, M (1, 1) 模型检验

| 序号 | 原始值 | 预测值 | 残差 | 相对误差 | 级比偏差 |
|---|---|---|---|---|---|
| 1 | 0.633 | 0.633 | 0.000 | 0.000% | — |
| 2 | 0.508 | 0.508 | 0.000 | 0.038% | -0.318 |
| 3 | 0.537 | 0.537 | 0.000 | 0.008% | -0.000 |
| 4 | 0.568 | 0.568 | 0.000 | 0.039% | 0.000 |

根据表 6-83 可知,东营港化工园区综合风险值向后 1 期预测值为 0.600,向后 2 期预测值为 0.635,向后 3 期预测值为 0.671,向后 4 期预测值为 0.710,向后 5 期预测值为 0.751。

模型构建后可对相对误差和级比偏差值进行分析,验证模型效果。从表 6-84 可知,相对误差最大为 0.039%(2020),最小误差为 0.000%(2017),相对误差绝对值均小于 0.1,这说明本书所构建灰色预测模型精度较高,可以满足风险值预测的需求。根据图 6-3 可知,化工园区综合风险值将呈持续攀升趋势,预计 2022 年将达到较高风险水平,这表明现代化工园区生产经营面临的风险要素愈发复杂,对园区生态保护、安全生产、风险管理及应急救援等方面提出更高要求,企业应完善风险管控体系,依托重大危险源建立实时监测预警系统,提高风险预警的科学性。

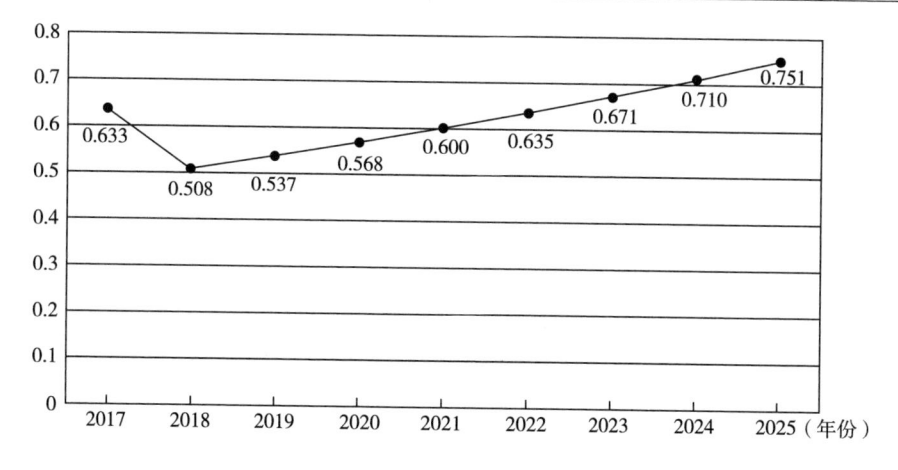

第六章 大数据驱动下山东省化工园区风险监测预警案例研究

图 6-3 灰色预测模型走势

利用灰色预测模型对所有定量指标进行预测,得到各指标向后 1 期的预测风险值,而对于定性指标的预测,则根据专家打分情况,利用风险概率、指标权重及风险系数计算得到风险预测结果及预警等级,如表 6-85 所示。根据风险预警结果,向后 1 期条件下,处于巨警状态的指标有 5G 网络建设水平,风险预测值为 1,管理者应特别加强 5G 网络建设,完善园区信息通信网络布局,实现园区网络全覆盖,降低该指标风险等级;处于重警状态的指标有设施先进性和设施管理制度完善程度,风险预测值均为 0.641,管理者应意识到重警风险有转化为巨警状态的可能,应查找风险产生原因,避免风险进一步恶化。

表 6-85 风险预警等级

| 指标 | 指标 | 风险预测值 | 风险等级 | 预警等级 |
| --- | --- | --- | --- | --- |
| 自然环境（N） | 自然灾害风险（N1） | 0.07 | 低风险 | 无警 |
|  | 生态安全风险（N2） | 0.179 | 低风险 | 无警 |
|  | 环境质量等级（N3） | 0.164 | 低风险 | 无警 |
| 社会环境（S） | 产业支持力度（S1） | 0.515 | 一般风险 | 中警 |
|  | 宏观经济形势（S2） | 0.572 | 一般风险 | 中警 |
|  | 公众风险接受程度（S3） | 0.565 | 一般风险 | 中警 |

续表

| 指标 | 指标 | 风险预测值 | 风险等级 | 预警等级 |
| --- | --- | --- | --- | --- |
| 内部布局（D） | 企业选址（D1） | 0.556 | 一般风险 | 中警 |
|  | 功能区划分（D2） | 0.542 | 一般风险 | 中警 |
|  | 交通布局（D3） | 0.497 | 一般风险 | 中警 |
| 人员风险（P） | 安全培训合格率（P1） | 0.01 | 低风险 | 无警 |
|  | 持证上岗率（P2） | 0.183 | 低风险 | 无警 |
|  | 三违率（P3） | 0.548 | 一般风险 | 中警 |
|  | 人员密度（P4） | 0.032 | 低风险 | 无警 |
|  | 年龄结构（P5） | 0.112 | 低风险 | 无警 |
| 设施风险（E） | 设施暴露性（E1） | 0.599 | 一般风险 | 中警 |
|  | 设施先进性（E2） | 0.641 | 较高风险 | 重警 |
|  | 安全防护设施（E3） | 0.599 | 一般风险 | 中警 |
|  | 设备管理制度完善性（E4） | 0.641 | 较高风险 | 重警 |
| 物料风险（G） | 危险物质种类（G1） | 0.282 | 较低风险 | 轻警 |
|  | 危险物质存量（G2） | 0.4 | 较低风险 | 轻警 |
|  | 危险物质能量（G3） | 0.6 | 一般风险 | 中警 |
|  | 产品抽检合格率（G4） | 0.2 | 低风险 | 无警 |
| 安全管理（M） | 隐患整改率（M1） | 0.2 | 低风险 | 无警 |
|  | 危化品经营许可证持有率（M2） | 0.6 | 一般风险 | 中警 |
|  | 执法检查重视程度（M3） | 0.6 | 一般风险 | 中警 |
|  | 安全标准化水平（M4） | 0.2 | 低风险 | 无警 |
|  | 污染物处理（M5） | 0.298 | 较低风险 | 轻警 |
| 信息系统建设（I） | 危化企业监测信息数据化程度（I1） | 0.150 | 低风险 | 无警 |
|  | 重大危险源监控覆盖率（I2） | 0.037 | 低风险 | 无警 |
|  | 5G网络建设水平（I3） | 1 | 高风险 | 巨警 |
| 应急救援管理（R） | 专家库资源（R1） | 0.436 | 一般风险 | 中警 |
|  | 应急预案健全性（R2） | 0.428 | 一般风险 | 中警 |
|  | 安全人员应急救援水平（R3） | 0.464 | 一般风险 | 中警 |
|  | 消防应急救援能力（R4） | 0.441 | 一般风险 | 中警 |
|  | 医疗应急救援能力（R5） | 0.443 | 一般风险 | 中警 |
|  | 应急物资保障情况（R6） | 0.459 | 一般风险 | 中警 |

处于中警状态的指标依次为：产业政策支持力度，风险预测值为 0.515；宏观经济形势，风险预测值为 0.572；公众风险接受程度，风险预测值为 0.565；企业选址，风险预测值为 0.556；功能区划分，风险预测值为 0.542；交通布局，风险预测值为 0.497；三违率，风险预测值为 0.548；设施暴露程度，风险预测值为 0.599；安全设施，风险预测值为 0.599；危险物能量，风险预测值为 0.6；危化品经营许可证持有率，风险预测值为 0.6；执法重视程度，风险预测值为 0.6；专家库资源状况，风险预测值为 0.436；应急预案完善程度，风险预测值为 0.428；安全人员应急救援水平，风险预测值为 0.464；消费应急救援能力，风险预测值为 0.441；医疗应急救援能力，风险预测值为 0.43；应急物资保障情况，风险预测值为 0.459。对于中警状态指标，应注意加强风险防控能力，既要关注风险状态趋势变化，又要提高风险控制能力，避免风险等级进一步加重。

处于轻警状态的指标有：危险物质种类，风险预测值为 0.282；危险物质存量，风险预测值为 0.4；污染物处理风险，风险预测值为 0.298。剩余影响要素风险预警等级均为无警状态，需要继续保持监管力度，防止意外事故发生，导致风险等级提升。另外，设施风险需得到特别关注，设施风险下的设施先进性和设施管理制度完善性处于重警状态，设施暴露程度和安全防护设施也均为中警状态，设施要素整体风险预警等级偏高，这是由于化工园区大多新旧设备混用，部分设施陈旧落后，不适应园区安全生产的需求，在高温高压状态下极易发生危险，因此园区管理者应从这两方面入手，积极引进先进设施，保障化工生产的正常进行，同时应注意完善设备设施管理制度，及时排查危险因素以保证安全生产。

# 本章小结

本章运用前文所构建的数据驱动下风险监测预警模型，以东营港经济开发区化工园区为例，对化工园区展开风险预警应用研究。第一节内容是关于化工园区基本信息的简单介绍，如地理位置、主要投产项目等；第二节内容是对指标权重的处理，请相关领域专家对风险要素的重要性进行打分，根据专家打分情况确定各指标权重。第三节内容是风险评价指数的计算，依据指标是否可量化进行划分，分别计算定量指标和定性指标的风险值。对于定量指标而言，首先根据2020年化工园区生产活动实际产生数据及统计资料等内容计算要素所对应的风险系数，其次依据专家打分情况确定风险发生概率，最后利用风险系数和风险概率计算风险值。对于定性指标而言，则根据专家打分情况确定风险评价等级，并利用可靠性和权重对专家评价信息进行融合处理，最终得出专家关于化工园区风险评价内容的群体融合结果。第四节则是依据风险评价结果及权重进行模糊综合评价，确定各风险指标对应的隶属度。第五节内容基于灰色预测模型的风险预警研究，依据风险隶属度及其对应的风险系数计算模糊综合得分，2017~2020年化工园区模糊综合风险值分别为0.633、0.508、0.537、0.568，依次对应较高风险、一般风险、一般风险、一般风险，以2017~2020年综合风险值为数据样本，运用灰色预测模型推出向后1期，即2021年化工园区风险预测值为0.6，对应一般风险等级，预警等级为中警。根据风险预测图走势来看，未来几年化工园区风险等级将呈持续攀升状态，这对化工园区风险监测预警体系建设提出更高要求。

# 第七章

## 化工园区风险分析及防范措施

第七章　化工园区风险分析及防范措施

本书以东营港经济开发区化工园区为例，建立基于大数据驱动的风险监测预警模型以达到降低安全隐患的目的。根据模糊综合风险评价模型确定园区风险状态，并利用灰色预测模型确定风险系统影响因素向后1期的演变态势，针对不同预警级别的指标要素分析风险产生原因，并提出对应防范措施降低风险发生概率。

# 第一节　巨警风险

巨警风险预测等级表示该要素处于高风险状态，非常不利于园区安全发展，必须立即采取风险管控措施，并定期对其风险水平进行监测、评价，确保要素风险水平有所下降再展开工作，如果综合衡量各方面内容，确认风险高危状态投入无限资源也无法得到改善，应立即关停该项目，并持续观察风险变化情况以确保园区生产活动不受影响；同时排查潜藏隐患问题并及时清除，避免其他风险要素状态受其影响而发生改变。

根据上文风险预警结果，网络建设指标预警等级为巨警，其完善程度将影响化工园区智能化建设的广度和深度，因此园区应特别关注风险产生原因并立即制定对策以提升网络基础设施建设水平。

## 一、风险分析

结合风险评价现状及风险预警结果，化工园区5G网络建设风险水平现阶段及向后1期均处于高风险等级，这表明现阶段化工园区5G网络建设程度远不能满足园区智慧化风险管理需求。

网络建设是园区信息系统建设的网络基础，5G网络建设程度不足将严重制约化工园区智能化转型升级。5G网络建设风险主要体现在5G网络技术与园区应用的脱节，园区 5G 网络建设与应用总是落后于高新技术产业，或者园区网络建设存在显著的区域分布差异，进一步扩大化工企业智能化改造差异；而且园区智慧化建设容易产生"信息孤岛"现象，企业建设标准不统一导致系统设备不兼容，加大风险数据共享难度，无法实现政府、园区、企业的协同监管机制。因此，网络建设不足成为构建大数据驱动下化工园区风险监测预警系统的最大阻碍。

### 二、风险防范措施

网络建设水平不仅取决于政府重视程度，更依赖于园区安全管理投入水平，因此园区网络建设风险应从政府和企业两个主体出发，制定风险防范措施。首先，政府要重视化工园区智慧化改造，根据园区发展实践及实际风险管理需求，制定先进性、前瞻性的建设指南，指导智慧化工园区建设，从而有助于政府开展风险监管、隐患排查及事故溯源等工作；其次，化工企业要继续加大资源投入，根据政策建设标准及园区综合决策和管理需要，完善园区网络建设布局，构建全覆盖的实时动态监控体系，构建适用于园区风险监测预警的综合管理平台，通过整合、分析海量风险监测数据形成可视化园区风险评价结果，为管理者制定风险管控对策提供重要参考；最后，信息化基础设施是智慧园区建设的必要基础和条件，因此应完善化工园区网络基础设施、云数据及物联网基础设施建设，为化工园区风险管理与大数据技术的深度融合提供平台支撑。

## 第二节 重警风险

重警风险预测等级表明该要素处于较高风险状态，有相当程度可能影响园区系统平稳运行状态，管理者应立即或短期内制定风险管控策略，有针对性地展开风险控制活动，预防其向高风险状态转变。对于影响到园区正常生产经营活动的风险要素，企业应重点监管，以降低风险等级为目标制定管控策略，将风险管理责任落实到个人并配备必要资源以确保风险管理活动的顺利进行。同时，园区安全管理部门应完善风险监督机制，借助风险监测系统实时监测要素状态，直至确认要素风险状态处于可接受范围内再开展生产经营活动。

上文风险预警结果显示，处于重警预警等级的指标包括设施先进性及设施管理制度完善性指标，两个指标均为园区风险特征下设施风险的内容，其风险程度与园区安全管理投入水平、企业安全重视程度及设施管理制度完善性有关，因此企业可以基于以上内容制定对策，降低园区设施风险水平。

**一、风险分析**

（一）设施先进性风险分析

设施先进性指标风险预测值为 0.641，预警等级为重警，处于较高风险状态。设备设施的先进性主要体现在设施的产品性能、设备自动化程度及安全防护性能，能够最大限度降低人为因素所导致的设施故障，保障生产的连续性及安全性。设施先进性风险产生原因是化工园区生产储运设施大多为大型、连续型装置，设施更新换代周期长且成本高，直接导致企业追求设施先进性水平意愿低，新老设备混用现象严重，设施安全性无法得到保障，事故发生极易引发连锁反应，加重事故严重程度和经济损失。

（二）设施管理制度风险分析

设施管理制度完善性指标风险预测值为 0.641，预警等级为重警，处于较高风险状态。化工园区设施管理制度对设施使用、维护保养、设备管理以及淘汰报废等内容进行详细规定，对于提高生产储运活动标准化、实现安全生产具备重要意义。设施管理制度风险产生的原因包括以下三个方面：一是设施管理制度不健全，无法对设备设施、场所等形成有效管理；二是对化工企业重视程度不足，虽然制定了相关规定但尚未完全落实；三是设施管理团队专业化程度低，设施管理制度不适用于园区安全生产发展需要。

**二、风险防范措施**

（一）设施先进性风险防范措施

首先，企业应加大设备管理投入力度，包括资金、技术及人才等资源，通过技术创新改进设备或积极引入先进设备，保障设备的技术先进性水平，对于提高生产效率、资源利用率以及生产安全性具有重要意义；其次，园区应进一步完善基础设施建设，优化设施布局，提高园区公共设施共享水平，降低企业设施迭代换新成本；再次，建立设施管理台账，落实设施安全管理制度，收集日常运行数据并登记入库，丰富设施数据库，对于不符合安全生产标准、产能落后或已超过标准使用年限的设施设备，应及时淘汰报废；最后，建设健全设施信息管理系统，实时监测设施运行状态，比较设施运行数据与技术标准的偏离程度判断设施异常状态，提前发出警示信息降低设施风险。

（二）设施管理制度完善性风险防范措施

从政府层面看，应主动加强执法监督力度，严查企业管理制度建设情况，对不合规企业给予处罚，助推企业建立健全设施管理制度；从园区角度看，应根据园区发展实际及设施管理现实需求，建立健全设施管理制度并配备足够资源保证制度的落实；大部分园区都已建立设施管理制度但存在缺陷，很大程度上是由专家组知识水平不足所导致，因此园区应进一步优化专家小组知识结构或积极寻求外部专家协助，针对企业设施管理现状及隐患问题制定相应设施管理制度，提高设施管理制度的适用性水平。

## 第三节　中警风险

中警风险预测等级表明风险要素处于一般风险状态，对园区风险状态存在一定程度影响，企业应着手控制整改工作，建立风险管控目标，制定相应规范流程，努力降低风险危害程度，确保风险要素未来发展趋势处于可控范围内。同时，管理者需预估风险管理成本，预测风险管控进度及效果，衡量风险管理投入水平与风险控制程度的效益比，通过进一步风险评估确定其风险恶化的可能，综合上述结果决定是否制定改进的风险管控措施。

化工园区系统风险预警为中警等级的指标包括：社会环境指标中的产业政策支持力度、宏观经济形势、公众风险接受程度；园区内部布局指标中的园区选址、功能区划分和交通布局；人员风险指标中的员工三违率；设施风险指标中的设施暴露程度和安全防护措施；物料风险指标中的危险物能量；安全管理指标中的危化品经营许可证持有率和执法检查重视程度；应急救援管理能力指标中的专家库资源、应急预案完善程度、安全人员应急救援水平、消防应急救援能力、医疗应急救援能力以及应急物资保障情况。

### 一、风险分析

（一）产业政策支持力度风险分析

产业政策支持力度指标风险预测值为 0.515，对应一般风险状态，预警等级为中警。产业政策对于化工园区发展起着导向作用，利用宏观手段引导园区发展及弥补产业发展的不足，产业政策风险主要体现在政策与园区发展的不适应，目前关于化工园区产业发展的规划建设尚未形成标准，地方政府容易陷入盲目跟风以"一刀切"的陷阱，不利于化工园区的长远健康发展。

## （二）宏观经济形势风险分析

宏观经济形势指标风险预测值为 0.572，对应一般风险状态，预警等级为中警。宏观经济形势对化工园区的影响是市场规律作用的结果，主要表现在环境管理压力及社会环境的支持力度。目前，我国经济进入高质量发展阶段，对于产业发展提出更高要求，新经济形式要求企业加快转型升级发展，发展与安全并重，走绿色高质量发展之路。

## （三）公众风险接受程度分析

公众风险接受程度指标风险预测值为 0.565，对应一般风险状态，预警等级为中警。公众风险接受程度主要表示化工园区周边地区公众对化工园区生产发展所潜藏的各类风险的客观认识和主观感受，由于化工企业生产发展的高危性特征，公众风险认知的片面性极易对化工园区风险产生恐慌心理，不利于化工园区与周边地区的协调发展；另外，公众的风险接受程度决定了安全事故发生时个体的自救水平，因此企业应强化群众风险了解程度，尽可能降低园区事故造成的人员伤亡程度。

## （四）企业选址风险分析

企业选址指标风险预测值为 0.556，对应一般风险状态，预警等级为中警。化工企业大多为高危产业，园区活动会产生大量危险物质，会对周围地区产生影响；化工园区早期建设缺少统一规划，本着谁先到谁先占的原则，造成企业建设混乱的不良局面；园区内企业布局紧凑，事故发生时不同企业相互影响从而加剧事故程度，而且不利于应急救援活动的开展。

## （五）功能区划分风险分析

功能区划分指标风险预测值为 0.542，对应一般风险状态，预警等级为中警。化工园区系统依据功能差异设置分区，包括工业用地、生活用地等，不同分区所承载的任务不同，如果只顾经济效应随意划分功能区，盲目发展将会造成负向影响；功能区划分不合理也会加剧多米诺场景的发生概率，加重事故严重程度和经济损失。

### (六) 交通布局风险分析

交通布局指标风险预测值为 0.497，对应一般风险状态，预警等级为中警。化工园区大多远离城市生活圈且处于相对封闭独立状态，因此化工园区的交通线路布局的最主要目的是满足运输需求。现阶段，国内外关于化工园区交通规划布局尚未形成统一标准，园区交通建设大多依据发展需求而建设，导致园区交通规划杂乱，时效性不足，尤其化工园区快速发展对货物运输需求旺盛，导致交通堵塞、车祸等事故时常发生，而运输品大多为易燃、易爆及有毒有害物质，车祸所导致的容器破裂将引起火灾、爆炸等事故，进一步扩大园区交通布局风险。

### (七) 三违率风险分析

三违率指标风险预测值为 0.548，对应一般风险状态，预警等级为中警。员工不安全行为是导致事故发生或产生风险的主要原因，安全意识、疲劳操作、生理及心理影响等要素都是导致员工违规行为产生的原因；此外，安全监管力度不足也是导致员工风险等级偏高的原因，现场监管能力限制及园区监控覆盖率不足等原因致使管理者无法及时识别并跟踪员工的不安全行为，导致员工风险度水平提升。

### (八) 设施暴露程度风险分析

设施暴露程度指标风险预测值为 0.599，对应一般风险状态，预警等级为中警。设施是园区运行的物质基础，设施暴露程度决定园区事故发生时，设备设施受事故冲击波影响的严重程度，对于化工园区而言，生产装置及储罐设施一般为大型、连续性装置，设施暴露程度高，导致园区设施处于高风险状态；而设施先进性、可靠性则与设备设施本质安全度相关，因此企业应提高化工园区设施管理水平，降低设施风险度。

### (九) 安防设施风险分析

安全设施指标风险预测值为 0.599，对应一般风险状态，预警等级为中警。安全设施风险产生的原因主要包括以下三点：第一，企业为节约生产成本而忽视安全防护设施的安装，导致安全防护手段缺失；第二，政府监管力度不足，安全防护制度落实得不彻底；设施选型不合理导致安全防护措施失效，设施运行风险增加；第三，也是最重要的，是员工综合素质不足难以发现设备运行出现的故障，且员工违规操作会直接导致设备损坏从而引发安全事故。

（十）危险物能量风险分析

危险物能量指标风险预测值为 0.6，对应一般风险状态，预警等级为中警。以化学品为代表的危险物料是化工企业生产发展的根本，危险物料能量特性包括燃烧和爆炸危险性、有毒性以及易腐蚀性，由于物料能量的不稳定性，环境变化极易引发园区事故，因此企业应采取措施确保危险物能量始终处于稳定状态，降低园区不安全事故的发生。

（十一）危化品经营许可证持有率风险分析

经营许可证持有率指标风险预测值为 0.6，对应一般风险状态，预警等级为中警。在企业安全管理要素中，处于一般风险状态的是危化品经营许可证持有率及执法检查重视程度，这是由企业管理制度缺失以及政府监管不到位导致的，而化工园区危险源高度集聚，园区安全管理能力不足极易引发危机事故。

（十二）执法检查重视程度风险分析

执法检查重视程度指标风险预测值为 0.6，对应一般风险状态，预警等级为中警。执法检查重视程度风险主要来源于政府重视程度不足所导致的监管不全面，现有安全生产政策大多依据国家层面相关标准所制定，并不能完全适用于本地区化工园区安全监管需要。

（十三）应急救援管理风险分析

应急救援是化工园区事故发生后，为最大限度地降低事故造成的损失或危害、防止事故扩大而采取的紧急措施或行动。安全人员应急救援水平、消防应急救援能力、医疗应急救援能力等指标处于一般风险状态，代表园区应急救援保障能力不足，将影响应急救援工作的正常运行。

## 二、风险防范措施

### （一）产业政策支持力度风险防范措施

产业政策支持力度与园区环境管理压力及宏观经济形势等指标相关，因此应积极发挥政府宏观调控作用，深入推动园区安全环保整治提升。首先，面对愈发严峻的化工园区风险形式，政府应充分调研当地化工园区发展水平及安全管理现状，在尊重上级文件指示的前提下制定园区安全规范，优化园区发展的社会环境；其次，政府应注意把握安全监管限度，针对园区存在的安全隐患及不规范行为，制定严格的整改措施并落实隐患整改内容，督促企业践行风险主体的社会责任，对于企业安全管理制度存在的缺陷，协助企业管理制度标准化建设；再次，政府还应出台积极的产业扶持政策，吸引更多社会资源向园区注入，助推园区提质增效发展；最后，最重要的是政府应推动风险管控平台建设，要求化工企业主动公开生产运营各环节风险信息，克服信息不平衡所导致的监管不力缺陷，利用信息网络平台实现化工园区风险要素的全面监管。

### （二）宏观经济形势风险防范措施

第一，化工园区应加快新旧动能转换，淘汰落后产能，发展集约化、高效化的产业体系，推动企业向高质量发展阶段转变；第二，企业应注重培养核心竞争力，依托产学研协作平台，提高企业自主创新及研发能力，加快技术升级、产品创新，推动化工产品高端化、精细化，提高化工产品附加值水平，打造世界一流的化工园区；第三，园区化工企业应注重成本管理，既要实现高质量发展，又要加强成本管理，紧抓提质降本增效关键环节，实现又好又快发展；第四，园区应把安全生产、生态环境保护与发展并重，制定高标准生产体系，严格把控生产安全性及污染物排放水平，走绿色高效发展道路。

### （三）公众风险接受程度风险防范措施

社会公众风险接受程度由事故严重程度及风险认知水平所决定，因此企业可以通过降低园区风险水平和普及风险知识等途径提升公众风险接受程度。首先，化工园区企业应践行风险社会公开制度，按照地方政府相关规定，主动向社会公开化工园区系统各类风险源信息数据，如重大危险源风险状态、污染物排放水平以及安全生产等监测数据以多维度的可视化结果加以呈现，帮助公众更直观地了解园区风险状态及危险程度，保障公众依法获取风险信息权利的同时消除公众的恐慌心理；其次，企业应加强公众宣传教育，积极普及化工园区风险成因、类型及保护措施，切实提高公众对风险的了解程度和应对风险的能力；最后，企业应利用信息管理平台，开通群众风险监督及举报通道，引导群众参与园区安全管控的监督环节，切实发挥群众的监督作用。

### （四）企业选址风险防范措施

企业选址、功能区划分及交通布局等园区内部布局风险指标均与园区重视程度及管理水平有关，因此化工企业应从这两方面出发降低园区布局风险。首先，企业选址应遵循安全原则，顺应城市发展规划，与城市中心圈、园区重大危险源等防护目标保持一定安全缓冲距离，以此降低安全事故对周边设施的影响程度；其次，对于重大污染企业，应综合考虑风向、地势、水文等要素进行选址，最大程度降低对环境的污染程度；最后，考察园区同类企业的布局情况，选址应满足同类企业集中分布原则，充分利用公用基础设施，降低企业生产成本。

### （五）功能区划分风险防范措施

首先，化工园区功能区划分应严格遵循国家相关标准规定，强调功能区划分的科学性；其次，设置功能区前需进行规划评价，设置足够距离的缓冲地带，合理划分不同功能类型的分区以降低风险牵连程度；最后，功能区划分应贴合产业发展实际，发挥功能区的协同作用以降低生产成本，实现园区有机生态化发展。

(六) 交通布局风险防范措施

第一,参考政府关于交通网络的相关计划,合理搭配路网级配,提升园区交通布局的整体协同性;第二,利用信息化管理系统预测运输需求量,优化交通规划布局;第三,完善交通分流体系,满足不同群体的交通需求;第四,提高道路交通监控覆盖率,对超载、超速等道路违章现象进行处置,预防由道路交通事故发生而引发的园区事故。

(七) 三违率风险防范措施

员工不安全行为产生的直接原因是安全意识的缺失,安全监督不到位也容易致使员工三违现象频发,因此企业通过安全教育培训提高员工安全素质的同时,可以引进动态监测系统以实时捕捉员工行为,提高企业安全生产水平。第一,企业扩大安全投入水平,引进智慧园区系统,利用GIS、AR等信息技术对员工违章行为进行智能监控,实时追踪员工不安全行为并根据规定予以警告纠正,实现员工行为的动态监管;第二,建立员工违章行为数据库,利用历史违章数据分析员工产生不安全行为的原因及危害程度,企业据此制定措施杜绝该类事故的再次发生;第三,完善安全生产规章制度,明确违规处罚条例,落实规章制度,严查员工不安全行为,从根本上杜绝不安全行为产生,提高作业现场安全水平;第四,加强岗前教育培训,设置严格考核制度,提升员工意识和能力,降低员工安全隐患。

(八) 设施暴露程度风险防范措施

设施暴露程度表示设备设施暴露于风险场的比例,园区可以从设施布局、设施抗冲击能力以及安全防护措施等方面采取措施提升设施安全性。第一,合理规划设施布局,对于不同风险等级的设备设施,按其风险度水平进行规划布局,减少设施间的相互影响;第二,注重设施设备的更新换代,根据机器老旧程度及国家安全生产的相关规定,及时淘汰陈旧落后设备,保障设施的先进性水平,降低员工因误操作而引发事故的可能性,以此提高设备可靠程度；第三，注重设备设施的日常保养及定期检修，避免机器故障所导致的安全事故；第四，健全设施管理制度，增强企业的设施管理程度，确保设施正常运行，保证生产活动的顺利运作；第五，完善设施监控点位布局，建设覆盖设施设备的自动监控网络系统，实现可视、高效的联防管控和预警系统，全面加强设施运行与安全监管。

（九）安全设施风险防范措施

安全防护措施是降低设施风险度的必要手段，体现企业设施管理的重视程度。第一，依据国家关于设施安全防护规范相关规定，结合化工园区实际设计安全防护准则；第二，加大安全防护设施投入水平，依据重大危险源对安全防护要求不同配备必要的安全防护设施；第三，使用安全材料替代传统易燃易爆材质，提升设施的安全性水平；第四，加强员工安全培训和专业素质培训，提高员工综合素质和操作能力；第五，配备必要的设施状态监测设备，实时监控设施运行状态，包括温度、压力、能量等参数，利用实时监测数据与标准参数及历史事故数据进行对比分析，及时发现设施运行异常情况并采取措施提高风险安全性。

（十）危险物能量风险防范措施

危险物能量是化工产品特有的性质，并不能被消灭或消灭其危害性，只能通过控制危害转化途径而达到风险管控目的，危险物能量稳定性与其所处状态及产品合格率有关。第一，危险物质需根据产品特性及实际情况统一封存管理，并对其施加必要的保护措施以提供稳定的贮存环境，保障危险物状态稳定以防止能量外溢；第二，加强物料保管人员及使用人员教育培训，提高员工对各种危险物质性能、使用方式及贮存方式的熟悉程度；第三，建立严格的危险物管理规章制度，确保危险物质按规定进行操作、运输和贮存，对于危害性大且不稳定的危险物质，应事先制定事故处理方案，并提供必要的应急救援设备；第四，配备专员对各个环节进行监督管理，严格打击危险物料使用过程中的一切不安全行为；第五，借助园区可视化监管系统，实现对危险物能量数据的全过程立体化管控,有效提高危险物质监管效率。

(十一)危化品经营许可证持有率风险防范措施

无证非法经营企业不利于园区整体安全管理,导致风险产生的最主要原因是监管力度不足,因此应从政府和园区安全监管部门两个层面制定措施提高许可证持有率。第一,建立严格的企业准入和退出机制,严格把控入园企业的产业定位,有选择性地接纳危化品入园,同时建立重大危险源普查、登记制度,保证化工园区内部所有危险源均处于可控状态;第二,落实责任制度,将安全生产责任落实到企业主体;第三,建立有效的化工园区风险管理机构,定期对化工企业进行监督检查,对于企业违规行为及时进行纠正;第四,增强化工园区风险管理机构对入园企业的职权力度,行使安全管理部门对重大危险源监管、风险管控等方面的权利;第五,搭建化工园区风险监测预警平台,实时查找并追踪风险源,依托信息技术满足园区企业安全管理的需要。

(十二)执法检查重视程度风险防范措施

提高政府、园区安全监管部门重视程度、拓宽执法检查渠道是降低执法检查风险的关键路径。第一,信息技术为化工园区多方监管体系构建创造条件,参照国家相关标准规定,搭建以重大危险源监控及隐患排查为主线、以政府和园区各级安全监管部门为主体的风险信息综合管理平台,采用"互联网+"技术建设风险节点整体监管体系,助推政府、园区管控联动一体化;第二,突出政府监管的主导地位,强化政府对园区安全管理的执法重视程度,通过加强监管力度实现园区的安全发展;第三,建立健全企业安全生产制度,从政策层面提升企业安全管理能力,减少违法行为的产生;第四,制订完整的产品抽检方案,对各类型风险进行系统抽查,全面排查企业的安全隐患,提高企业安全水平和生产效率。

(十三)应急救援管理风险防范措施

园区应急救援管理水平取决于安全管理投入、应急救援系统建设、专家库资源以及应急救援队伍建设等多方面内容。企业应重视应急救援系统建设，扩大资源投入以完善信息管理平台建设，提升信息技术在园区应急救援的应用，采用物联、视频两网融合技术实现应急救援的信息联动、资源调度以及跨场景调度指挥，提升园区应急救援效率；切实发挥应急管理专家的作用，优化专家队伍建设，完善专家库知识结构，积极寻求应急领域专家帮助，开展应急预案修订及隐患排查工作，制定符合化工园区实际的隐患排查清单及应急救援方案；根据园区风险状况及应急救援事故总结，完善应急救援数据库建设，及时修订应急预案内容并推动预案公开化；与周边地区应急救援队伍签订救援协议，并保持密切联系，配合日常检查工作；严格把控应急救援队伍数量与质量，增强应急处置能力，积极配合消防及医疗应急救援工作；扩大园区应急救援队伍规模，对安全人员进行应急救援专业知识技能培训，培养其必备的应急救援知识技能及物资使用方法，提高安全人员应急救援能力；定期开展应急救援演习活动，提高安全人员应急救援管理水平及实际操作能力；构建化工园区应急救援联动体系，提高区域协作能力，实现园区应急资源共享；化工园区应按照有关标准配备应急救援物资，满足应急救援需求，配备专人管理，不定期点检维护，确保应急物资的有效性，对于物资不足的情况及时修改应急物资配备标准并进行补充。

## 第四节　轻警风险

轻警风险预测等级表明该风险要素处于较低风险水平，可能会对园区安全水平产生影响，处于可接受风险状态，在资金条件允许的情况下可以制定管控措施，继续保持轻警风险等级或预防风险状态的恶化。根据灰色预测结果，预警等级为轻警的风险指标包括危险物质种类、存量以及污染物处理等。

## 一、风险分析

**(一) 危险物质种类、存量风险分析**

危险物种类指标风险预测值为 0.282，对应风险状态为较低风险，预警等级为轻警；危险物存量指标风险预测值为 0.4，对应风险状态为较低风险，预警等级为轻警。化工园区大多为危化企业的聚集地，园区内危化企业众多，其产品类型存在差异，这就造成化工园区内部危化品种类繁多且存量多的危险局面，不同化学品所需使用、储存条件不同且极易发生化学反应，这决定了危险品种类及存量与园区风险程度呈正相关关系，随着企业规模扩大，园区所面临的危险品风险越发严峻，因此企业应完善危险物料使用、储存管理体系，加强危化品管理。

**(二) 污染物处理风险分析**

污染物处理指标风险预测值为 0.298，对应较低风险状态，预警等级为轻警。化工园区生产活动会产生大量危险废弃物，如果企业无组织排放将产生严重环境污染，因此导致污染物处理风险的最主要原因是化工园区环境监管制度不完善或企业污染物处理能力不足，现阶段污染物处理风险为较低风险状态，预警等级为轻警，这表明化工园区关于污染物排放管理体系较为完善，园区需继续完善环境保护制度、措施及手段，提升环境质量及生态安全水平。

## 二、风险防范措施

**(一) 危险物质种类、存量风险防范措施**

现阶段，化工园区关于危险物质危险管理效果较好，该指标处于轻警预警状态。第一，企业应继续保持危化品监管水平，根据现实需求不断完善管理制度，加强危化品管理水平；第二，加强安全管理人员教育培训，提升安全员对各类危险物质的性质、使用及储存等方面的熟悉程度，适应危化品管理需要；第三，建立危化品管理视频监控管理体系，利用监测设备实现对危化品信息的有效采集和分析，并根据风险监测数据实时评估危险物质风险等级，实现对危险物质风险状态的监测、预警。

（二）污染物处理风险防范措施

第一，规范污染物监测体系，完善污染源排放设施场所传感器布置，提升监测设备检测质量，实时监测污染物排放数据并分类入库，保障污染源监测能力和可靠性；第二，完善污染物风险预警系统，依靠实时监测数据及历史数据库建立自动化风险识别预警系统，当污染物排放超出标准值及时发出警示并分析污染来源及危害程度，利用数据可视化技术为管理者提供决策支持；第三，园区应扩大公共设施建设投资，积极引进新设备、新技术提升污染物治理工艺装备，从根源降低污染物排放水平，实现排污总量控制；第四，强化污染治理监管力度，规范环保管理体系，完善环保管理机构，配备专人负责环保日常管理，并建立完善的环保管理台账；第五，政府应加强现场执法监管，定期进行相关性核查，杜绝偷排、漏排等违法行为发生。

## 第五节　无警风险

无警风险预测等级表明该要素处于低风险状态，管理者可选择性忽略，但是需留意其风险变化程度，当该要素风险状态受其他风险要素影响而发生改变时，需要对其重新进行风险评估，根据风险管控需要重新划分风险等级。由风险预警结果可知，园区环境状况中的自然环境指标的预警等级均为无警，企业风险特征中的安全培训和持证上岗的预警等级为无警，园区管理中的隐患整改指标预警等级也为无警。对于这类指标，园区可以根据成本收益比选择决定是否采取风险防范措施，各指标风险状况分析及防范措施建议如下所示：

## 一、风险分析

### (一) 自然环境状况风险分析

化工园区自然环境整体风险水平较低,自然灾害、生态安全、环境质量等要素风险预测值分别为 0.07、0.179、0.164,风险预警等级为无警状态。自然灾害对化工园区风险状态的影响,最主要原因是突发环境事件对化工园区造成的直接破坏风险和间接破坏风险,而山东省地处自然灾害低发区,因此自然灾害对园区风险状态影响程度有限;生态安全与环境质量对化工园区风险的影响主要体现在生态环境保护一定程度上限制了园区,传统化工生产模式重效益轻保护,对生态环境质量造成负担,现阶段化工生产更加强调安全生产与保护并行,污染治理水平提高,因此化工园区自然环境整体风险度较低。

### (二) 员工教育培训风险分析

化工园区员工安全培训率和持证上岗率风险预测值分别为 0.01 和 0.183,均显示无警状态。安全培训率风险与持证上岗风险集中反映了对员工教育培训的不足,主要表现为企业重视程度不足,资金投入水平有限;培训内容空泛,流于形式,无实际意义;尚未健全培训考核机制,员工学习效果差。员工是大多数园区事故的制造者和受害者,员工安全意识与能力素质决定企业安全生产水平,因此企业应保持对员工安全素质培养的重视程度,全面提升员工的安全意识和专业素养。

### (三) 隐患整改风险分析

隐患整改的风险预测值为 0.2,风险预警等级为无警,这表明了现阶段化工园区风险整改贯彻落实程度高。隐患整改的目的是对化工园区风险源进行排查,及时发现不安全因素并采取措施消除隐患,避免事故严重程度的加深。化工园区隐患整改风险程度加深的原因可能是:企业安全意识不足,隐患排查工作并未得到管理者的重视,整改工作不彻底,导致安全隐患演变为事故;

企业安全管理能力不足，对于排查到的隐患问题难以进行整改；隐患排查覆盖率低，重视现场排查而忽视对风险资料、安全记录的检查。

**二、风险防范措施**

（一）自然环境风险防范措施

政府应完善自然灾害工作制度，优化自然灾害监测网络系统建设，提升自然灾害风险评估及预警能力；完善自然灾害防控体系建设，防范化解重大自然灾害对化工园区产生的影响；建立化工园区自然灾害风险评价标准，合理评估自然灾害对化工园区发展产生的不利影响；提升园区应适度准入门槛，对入园企业或项目进行效益、环保、安全等多方面评估和论证，从源头促进园区绿色发展；积极探索安全生产与环境保护协调发展路径，切实履行化工企业环保主体责任，提升企业绿色发展的自律性，降低环境污染以提升生态安全水平，实现化工园区绿色长效发展；加强化工企业安全生产和污染物排放监督，构建严格的环保和生态文明制度体系，落实排污监管工作，逐年加大对环保的投入力度；重视化工企业监督机制的建设与落实，通过污染物排放、环境质量等信息公开、媒体曝光等形式增强社会监督，倒逼企业生产排污工作按规范进行，构建全民参与、共建环保的长效发展机制。

（二）员工培训风险防范措施

第一，企业应主动转变安全意识，树立预防为主的观念，积极开展员工安全教育培训工作；第二，企业应加大教育培训资金投入力度，完善师资力量配备；第三，创新教育教学方式，提高员工学习主动性；第四，明确安全培训目标，设置必要的考核制度、奖惩制度，激发员工学习积极性；第五，政府应重视企业安全培训工作监管，督促企业切实履行员工安全教育培训的义务与责任。

（三）隐患整改风险防范措施

第一，政府要出台完善的隐患排查制度，将安全管理责任落实到管理者，详细规定风险隐患排查要求、流程及期限；第二，强化管理者安全管理观念，重视隐患排查工作的进行；第三，制定隐患排查清单，建立完整的隐患排查、整改及复查制度；第四，深度落实隐患排查，做好隐患排查、复查记录，检验隐患整改效果，形成完整的隐患闭环管理；第五，借助互联网手段降低风险监管成本，运用现代信息技术对事故隐患节点进行全时段、全方位监测预警，提高隐患排查治理效率。

## 本章小结

本章根据化工园区风险评价及预测结果，针对不同风险预警等级的指标要素，分析其风险产生原因并提出相应对策。对于预警警情为巨警的风险指标，化工园区应立即采取行动排查风险产生根源并制定措施降低风险，对风险整改情况实时监控以确保风险切实得到控制，直至风险降低或消除再展开工作，如果预计风险无法被控制，则应立即停止工作；对于预警警情为重警的风险指标，化工园区应立即或近期制定有针对性的风险控制活动，防范风险要素向重警等级演变，对于影响园区系统安全的指标要素，企业应重点监管以保障风险始终处于可接受范围；对于预警警情为中警的风险指标，化工园区要着手风险整改排查工作，制定标准规范章程，确保风险要素未来变化趋势处于可控范围，同时应进行收益成本分析，决定是否进行风险管控活动；对于预警警情为轻警的风险指标，表明该类指标处于较低水平，在条件允许的情况下可以进行管理活动以保持较低风险状态或降低为低风险等级；对于预警警情为无警的风险指标，园区管理者可以选择性忽视，但是应预防该类风险状态受到其他风险状态变动的影响而发生改变。

# 第八章

结论

化工园区是现代化工产业发展的重要载体，"化工入园"显著提升园区集聚规模效应的同时加剧了风险管控的复杂程度。大数据驱动风险管理模式下，化工园区风险状态将得以实时或准时地监测和评估，基于海量风险数据能够深度挖掘风险信息，但各项指标的监测数据可能呈现多源异构性、不确定性特征，传统风险监测预警方法无法适应园区风险管控需求。化工园区风险的综合评价问题可以界定为，在考虑监测指标权重和信源可靠系数的条件下对所有指标下不同来源监测数据进行层次化融合的问题，因此针对风险监测数据多源异构性特征，本书基于指标权重和信源可靠性构建了单指标—单信源、多指标—单信源、单指标—多信源及多指标—多信源四种多源异构融合模型，实现对大数据驱动下化工园区风险综合状态评价和变化趋势预测。本书主要结论如下：

（1）对化工园区风险相关概念、特征及成因进行讨论，列举了风险监测、预警的方法及功能，并对山东省化工园区安全管理现状及风险监测预警领域不足展开论述，借此在传统风险监测预警模式基础上，设计了大数据驱动下化工园区风险监测预警体系架构。

（2）依据化工园区风险系统各影响因子作用机理关系，界定化工园区风险监测预警的范围，并选取园区环境状况、风险状况及管理状况等要素作为重点评估单元，构建化工园区风险子系统流量存量图，然后综合各子系统构建了化工园区风险系统总流图，依据系统动力学原理，利用各风险指标间的因果关系提炼风险关联要素。

（3）基于化工园区风险系统流图，依据科学性、动态性等指标构建原则，设计了大数据驱动下化工园区风险评价指标体系，从化工园区环境状况、风险状况及管理状况等方面对化工园区风险状态进行综合评价，其中包括3个方案层、9个因素层和36个指标层的指标体系。

（4）针对化工园区风险监测数据的多源异构性及不确定性特征，研究了一种基于多源异构融合理论的大数据驱动下化工园区风险监测预警方法。第一，运用层次分析法对专家风险评价结果进行计算，确定各风险要素的指标权重；第二，借助信息融合、概率理论等领域方法将不确定性数据转换为基本信任分配函数，基于指标权重和信源可靠性对风险监测数据进行折扣处理，提高指标状态预测结果精准性；第三，在综合界定化工园区风险评价问题基础上，依据风险指标及信源个数划分为单指标—单信源、多指标—单信源、单指标—多信源、多指标—多信源四类多源异构融合模型；第四，运用模糊综合评价法和灰色预测模型实现大数据驱动下化工园区风险的科学评价及预测。

（5）以东营港经济开发区化工园区为例，运用上文所构建的大数据驱动下化工园区风险监测预警方法对化工园区风险进行综合评价和预测。结果表明，利用模糊综合评价计算得到化工园区风险值为 0.568，对应一般风险状态；依据灰色预测模型风险预警结果，2021 年化工园区风险预测值为 0.6，对应一般风险状态，预警等级为中警，相较于 2020 年风险值有所提高，预计 2022 年将达到重警风险预警等级，这表明化工园区风险状态将更严重。最后，根据风险综合评价及预警结果，针对不同等级风险预警指标，制定相应对策以达到风险防范的目的。

# 参考文献

［1］Accorsi R, Yoshinori S, Satoshi K. Compliance monitor for early warning risk determination ［J］. Wirtschaftsinformatik, 2008, 50（5）：375-382.

［2］Ah A, Lq B, Zheng L C. Applying deep learning method in TVP-VAR model under systematic financial risk monitoring and early warning - Science Direct ［J］. Journal of Computational and Applied Mathematics, 2020（382）：156-182.

［3］Alasali F, Tawalbeh R, Ghanem Z, et al. A sustainable early warning system using rolling forecasts based on ANN and golden ratio optimization methods to accurately predict real-time water levels and flash Flood ［J］. Sensors, 2021, 21（13）：45-98.

［4］Alauddin M, Khan F, Imtiaz S, et al. A bibliometric review and analysis of data-driven fault detection and diagnosis methods for process systems ［J］. Industrial & Engineering Chemistry Research, 2018, 57（32）：10719-10735.

［5］Arshad B, Ogie R, Barthelemy J, et al. Computer vision and IoT-Based sensors in flood monitoring and mapping: A systematic review ［J］. Sensors（Basel, Switzerland）, 2019, 19（22）.

［6］Bagster D F, Pitblado R M. The estimation of domino incident frequencies—An approach ［J］. Process Safety & Environmental Protection, 1991, 69

(4): 195-199.

[7] Campedel M, Spadoni G, Cozzani V. Natech accidents induced by floods: An approach to hazard and risk assessment [C]. Proceedings of the Eight International Conference on Chemical & Process Engineering, Ischia, Italy, 2007.

[8] Chen C, Reniers G, Yang M. Integrating safety and security management to protect chemical industrial areas from domino effects [J]. Springer Series in Reliability Engineering, 2022 (2).

[9] Claudia Flores. Management of catastrophic risks considering the existence of early warning systems [J]. Scandinavian Actuarial Journal, 2009 (1): 38-62.

[10] Delvosalle C, Cécile Fievez, Pipart A, et al. ARAMIS project: A comprehensive methodology for the identification of reference accident scenarios in process industries [J]. Journal of Hazardous Materials, 2006, 130 (3): 200-219.

[11] Dianous V D, Fievez C. ARAMIS project: A more explicit demonstration of risk control through the use of bow-Tie diagrams and the evaluation of safety barrier performance [J]. Journal of Hazardous Materials, 2006, 130 (3): 220-233.

[12] Fabbrocino G, Iervolino I, Orlando F, et al. Quantitative risk analysis of oil storage facilities in seismic areas [J]. Journal of Hazardous Materials, 2005, 123 (1/3): 61-69.

[13] Gul M, Ak M F, Guneri A F. Pythagorean fuzzy VIKOR-Based approach for safety risk assessment in mine industry [J]. Journal of Safety Research, 2019, 69 (6): 135-153.

[14] Koyuncugil A S, Ozgulbas N. Financial early warning system model and data mining application for risk detection [J]. Expert Systems with Applications, 2012, 39 (6): 6238-6253.

[15] Liang Y, Quan D, Wang F, et al. Financial big data analysis and early

warning platform: A case study [J]. IEEE Access, 2020 (99): 31-45.

[16] Menoni S, Pergalani F. An attempt to link risk assessment with land use planning: A recent experience in Italy [J]. Disaster Prevention & Management, 1996, 5 (1): 6-21.

[17] Planas E, Arnaldos J, Silvetti B, et al. A risk severity index for industrial plants and sites [J]. Journal of Hazardous Materials, 2006, 130 (3): 242-250.

[18] Salzano E, Iervolino I, Fabbrocino G. Seismic risk of atmospheric storage tanks in the framework of quantitative risk analysis [J]. Journal of Loss Prevention in the Process Industries, 2003, 16 (5): 403-409.

[19] Savi R, Carri A, Cavalca E, et al. Application of innovative monitoring tools for safety and alert procedures in road tunnels [J]. Transportation Research Procedia, 2019 (40): 1540-1547.

[20] Segalini A, Carri A, Valletta A, et al. Internet-of-Things principles applied to geotechnical monitoring activities: The internet of natural hazards (IoNH) approach [C]. 3rd ICITG - International Conference on Information Technology in Geo-Engineering, 2019.

[21] Showalter P S, Myers M F. Natural disaster as the cause of technological emergencies: A review of a decade 1980-1989: Natural hazards research and applications information center [R]. Institute of Behavioral Science, University of Colorado, 1992.

[22] Stam G J, Bottelberghs P H, Post J G, et al. PROTEUS, A technical and management model for aquatic risk assessment of industrial spills [J]. Journal of Hazardous Materials, 2000, 71 (1/3): 439-448.

[23] Valerio Cozzani, Salzano E. The quantitative assessment of domino effects caused by overpressure: Part I. Probit models [J]. Journal of Hazardous

Materials, 2004, 107 (3): 67-80.

[24] Wang Z, Xu J, He X, et al. Analysis of spatiotemporal influence patterns of toxic gas monitoring concentrations in an urban drainage network based on IoT and GIS [J]. Pattern Recognition Letters, 2020 (138): 237-246.

[25] Wilfried, Strauch, Emilio, et al. Toward an earthquake and tsunami monitoring and early warning system for nicaragua and central america [J]. Seismological Research Letters, 2018 (5): 38-51.

[26] 白一尚, 吴恒, 王颖慧, 等. 基于事故致因理论的安全隐患治理模型 [J]. 工业工程与管理, 2013, 18 (1): 118-122+128.

[27] 陈大鹏, 陈力, 还毅, 等. 盐城响水化工园区"3·21"危化品爆炸事故爆炸威力分析及灾害后果评估 [J]. 防灾减灾工程学报, 2020, 40 (2): 196-203.

[28] 陈国华, 王永兴, 高子文. 基于风险熵的化工园区事故风险突变模型研究 [J]. 中国安全生产科学技术, 2017, 13 (10): 18-24.

[29] 陈国华, 王永兴. 基于系统动力学的化工园区事故演化仿真 [J]. 科学技术与工程, 2018, 18 (19): 347-352.

[30] 陈国华, 张静, 张晖, 等. 区域风险评价方法研究 [J]. 中国安全科学学报, 2006 (6): 112-117+146.

[31] 陈国华, 邹梦婷, 黄孔星, 等. 化工园区多灾种耦合脆弱性方法探究与前沿综述 [J]. 化工进展, 2019, 38 (5): 2527-2535.

[32] 陈清光, 段伟利, 陈国华. 基于免疫机理的化工园区安全生产预警机制设计 [J]. 中国安全科学学报, 2011, 21 (9): 159-165.

[33] 程凌, 华洁, 周晓柱. 基于层次分析—模糊综合评判的化工园区安全评价研究 [J]. 中国安全科学学报, 2008 (8): 125-130.

[34] 窦珊, 张广宇, 熊智华, 等. 基于多源数据融合的化工园区危险态势感知 [J]. 化工学报, 2019, 70 (2): 460-466+789.

［35］窦站，张勇，张明广，等．基于AHP-模糊方法的某化工园区应急能力评估［J］．安全与环境学报，2015，15（2）：29-34．

［36］杜元伟，刘静，龙银才．基于证据理论的前景构建方法［J］．控制与决策，2015，30（4）：759-763．

［37］杜元伟，权锡鉴．考虑可靠性与重要性的证据补偿协调融合方法［J］．控制与决策，2016，31（9）：1623-1630．

［38］杜元伟，权锡鉴．考虑专家可靠性与属性权重差异的不完备型多属性群决策方法［J］．系统工程，2017，35（7）：128-137．

［39］杜元伟，石方园，杨娜．基于证据理论/层次分析法的贝叶斯网络建模方法［J］．计算机应用，2015，35（1）：140-146+151．

［40］杜元伟，石方园，杨娜．融合专家相对推断的贝叶斯网络构建方法［J］．计算机工程与应用，2016，52（22）：105-112+142．

［41］杜元伟，孙永河，段万春．证据理论的主客观整合推理方法［J］．计算机工程，2011，37（6）：41-43．

［42］杜元伟，孙永河，段万春．主观证据交互式提取及融合方法［J］．控制与决策，2011，26（5）：732-736．

［43］杜元伟，王素素，杨宁，等．考虑专家知识结构的不完备型多属性大群体决策方法［J］．中国管理科学，2017，25（12）：167-178．

［44］杜元伟，杨娜．大数据环境下双层分布式融合决策方法［J］．中国管理科学，2016，24（5）：127-138．

［45］杜元伟，杨宁，陈群，等．兼顾重要性与可靠性的科学基金项目绩效评价方法［J］．中国海洋大学学报（社会科学版），2018（4）：70-78．

［46］段万春，李亚群，杜元伟．基于模糊综合评价法的电信企业节能减排绩效评价模型［J］．科技管理研究，2011，31（21）：43-46．

［47］高松，高宗江，伏晴艳，等．工业区恶臭污染自动监控体系设计［J］．中国环境监测，2018，34（2）：8．

[48] 葛及，郭迪．基于风险矩阵法的化工企业综合安全评价模型及其应用［J］．安全与环境学报，2016，16（5）：21-24.

[49] 郭换换，王飞跃，裴甲坤，等．化工园区应急设施区间规划选址模型研究［J］．运筹与管理，2020，29（5）：67-73.

[50] 国家安全监管总局印发通知明确 40 项重大生产安全事故隐患判定标准［J］．中国安全生产科学技术，2017，13（11）：134.

[51] 韩德强，杨艺，韩崇昭．DS 证据理论研究进展及相关问题探讨［J］．控制与决策，2014，29（1）：1-11.

[52] 胡瑾秋，张立强，张来斌．石油化工装置长周期运行风险超早期精确预警方法［J］．石油学报（石油加工），2019，35（3）：527-533.

[53] 胡潜．行业集群信息网络服务的协同发展对策［J］．情报理论与实践，2012，35（9）：70-73.

[54] 胡馨升，多英全，张圣柱，等．2011—2015 年全国危化品事故分析［J］．中国安全生产科学技术，2018，14（2）：180-185.

[55] 黄孔星，陈国华，曾涛，等．化工园区 Na-Tech 事件定量风险评价与防控体系评述［J］．化工进展，2019，38（7）：3482-3494.

[56] 黄沿波，刘铁梅．化工园区安全管理技术策略［J］．灾害学，2014，29（1）：172-176.

[57] 吉旭．工业互联网在化工行业的发展与应用［J］．人民论坛·学术前沿，2020（13）：43-51.

[58] 贾梅生，陈国华，胡昆．化工园区多米诺事故风险评价与防控技术综述［J］．化工进展，2017，36（4）：1534-1543.

[59] 蒋仲安，郑登锋，曾发镔，等．基于危险源理论的油气管道安全管理模型的研究［J］．湖南大学学报（自然科学版），2021，48（4）：56-65.

[60] 李传贵，巫殷文，刘建，等．化工园区安全容量计算模型研究［J］．中国安全生产科学技术，2009，5（3）：25-29.

[61] 李梦婉, 沙秀艳. 基于GM（1, 1）灰色预测模型的改进与应用[J]. 计算机工程与应用, 2016, 52（4）: 24-30.

[62] 李艳萍, 乔琦, 柴发合, 等. 基于层次分析法的工业园区环境风险评价指标权重分析[J]. 环境科学研究, 2014, 27（3）: 334-340.

[63] 李运华. 化工园区重大危险源监管信息系统的研究[J]. 中国安全生产科学技术, 2009, 5（5）: 139-143.

[64] 梁海峰, 刘子嫣. 基于AHP—熵权法—模糊综合分析的智能配电网综合效益评估[J]. 华北电力大学学报（自然科学版）, 2023, 50（1）: 48-55.

[65] 刘思峰, 杨英杰. 灰色系统研究进展（2004—2014）[J]. 南京航空航天大学学报, 2015, 47（1）: 1-18.

[66] 刘彦伟, 施祖建, 周家铭, 等. 重大危险源监测预警实用性平台的研究与实践[J]. 中国安全科学学报, 2009, 19（3）: 6.

[67] 马德法. 某石化爆炸事故应急救援分析[J]. 消防科学与技术, 2018, 37（9）: 1258-1261.

[68] 马昕, 张贝克, 李欣龙. 蒙德安全评价法的改进及其计算机实现[J]. 中国安全生产科学技术, 2009, 5（1）: 108-111.

[69] 穆波, 刘超, 王廷春, 等. 危化品企业人员作业安全与风险智能管控平台建设研究[J]. 安全与环境工程, 2020, 27（5）: 134-140.

[70] 牛毅, 樊运晓, 高远. 基于数据挖掘的化工生产事故致因主题抽取[J]. 中国安全生产科学技术, 2019, 15（10）: 6.

[71] 沙锡东, 姜虹, 李丽霞. 关于危化品重大危险源分级的研究[J]. 中国安全生产科学技术, 2011, 7（3）: 37-41.

[72] 尚启超, 周艳. 化工企业"双控体系"构建方法探讨[J]. 现代化工, 2020, 40（3）: 6-10.

[73] 宋金链, 张键鑫, 刘岩, 等. 危化品重大危险源辨识研究进展

[J]．化学试剂，2021，43（2）：174-179．

[74] 孙金凤，陈国华．重大危险源事故风险预警技术研究[J]．中国安全生产科学技术，2010，6（2）：44-50．

[75] 谭章禄，王泽，陈晓．基于LDA的煤矿安全隐患主题发现研究[J]．中国安全科学学报，2016，26（6）：123-128．

[76] 佟淑娇，吴宗之，王如君，等．2001~2013年危化品企业较大以上事故统计分析及对策建议[J]．中国安全生产科学技术，2015，11（3）：129-134．

[77] 王滨滨，褚新颖，程诚，等．大数据平台下化工企业消防安全风险分析指标设计[J]．南开大学学报（自然科学版），2021，54（2）：7．

[78] 王滨滨，褚新颖，程诚，等．大数据平台下化工企业消防安全风险分析指标设计[J]．南开学报（自然科学版），2021，54（2）：106-112．

[79] 王浩，曾子为．论预防式社会性监管——以化工行业风险监管为例[J]．理论与改革，2020（5）：97-114．

[80] 王晶，樊运晓，高远．基于HFACS模型的化工事故致因分析[J]．中国安全科学学报，2018，28（9）：81-86．

[81] 王璐，沙秀艳，薛颖．改进的GM（1，1）灰色预测模型及其应用[J]．统计与决策，2016（10）：74-77．

[82] 王起全，刘志刚，杨鑫刚，等．化工园区重大危险源风险情景构建分析[J]．中国安全科学学报，2020，30（8）：7．

[83] 王起全，刘志刚，杨鑫刚，等．化工园区重大危险源风险情景构建分析[J]．中国安全科学学报，2020，30（8）：63-69．

[84] 王爽，王志荣．危化品重大危险源辨识中存在问题的研究与探讨[J]．中国安全科学学报，2010，20（5）：120-124．

[85] 魏俊杰，王戈，刘明举．安全的定义探析[J]．中国安全科学学报，2019，29（6）：13-18．

［86］吴宗之，多英全，魏利军，等．区域定量风险评价方法及其在城市重大危险源安全规划中的应用［J］．中国工程科学，2006（4）：46-49．

［87］辛晶，杨玉胜．基于网络层次分析法的石油化工设施安全风险评估［J］．灾害学，2021，36（2）：151-154．

［88］许静，王永桂，杨寅群．中国突发性水污染风险评估与预警系统研究进展［J］．环境污染与防治，2019，41（4）：474-478．

［89］杨锦伟，肖新平，郭金海．正态分布区间灰数灰色预测模型［J］．控制与决策，2015，30（9）：1711-1716．

［90］杨挺．中国化工园区建设管理的"六个一体化"［J］．化工进展，2021，40（10）：5845-5853．

［91］杨友麒，刘裔安．国外化工园区的发展现况和启示［J］．现代化工，2020，40（1）：1-7+13．

［92］张欢，陆见光，唐向红．面向冲突证据的改进DS证据理论算法［J］．北京航空航天大学学报，2020，46（3）：616-623．

［93］张少刚，赵媚，倪小敏，等．基于AHP-模糊评价的化工园区综合应急能力研究［J］．安全与环境学报，2015，15（1）：77-83．

［94］张文学．我国石油化工行业的发展现状、存在的问题及其对策分析［J］．商场现代化，2007（11）：246．

［95］张玉涛，林国铖，李亚清．基于事故树-风险矩阵法的脱硫工艺中毒窒息事故风险评估［J］．西安科技大学学报，2020，40（1）：40-48．

［96］赵璟玲，罗斯达，宫运华，等．贮罐类重大危险源三维风险分级模型研究［J］．中国安全科学学报，2015，25（2）：135-140．

［97］周琳，傅贵，刘希扬．基于行为安全理论的化工事故统计及分析［J］．中国安全生产科学技术，2016，12（1）：148-153．

［98］周宁，李海涛，任常兴，等．化工园区火灾风险预警与应急管理系统［J］．消防科学与技术，2016，35（9）：1315-1319．

［99］庄炳石. 石油化工火灾爆炸危险性评价方法的比较［J］. 消防科学与技术, 2008, 27（6）: 453-456.

# 附 录

## 附录1 大数据驱动下山东省化工园区风险监测预警（AHP部分）调查问卷

尊敬的专家学者：

您好！

本次调查的主要目的是对化工园区风险要素的权重进行计算，相关指标体系如附表所示。请根据您的经验，按重要程度对指标进行评分，本项调查结果将作为构造层次分析法判断矩阵的重要依据。请各位专家针对各指标相对于上一级指标的重要性采取9度法打分。感谢您的支持！

附表1 相对重要性取值

| 相对重要性 | 定义 |
| --- | --- |
| 1 | $i$ 与 $j$ 同样重要 |
| 3 | $i$ 比 $j$ 稍微重要 |

续表

| 相对重要性 | 定义 |
|---|---|
| 5 | $i$ 比 $j$ 明显重要 |
| 7 | $i$ 比 $j$ 强烈重要 |
| 9 | $i$ 比 $j$ 绝对重要 |
| 2, 4, 6, 8 | 两对重要性的中间值 |

附表 2 化工园区风险监测预警指标相对重要性

| 指标 | 打分 | 指标 |
|---|---|---|
| 环境状况 |  | 风险特征 |
| 环境状况 |  | 管理能力 |
| 风险特征 |  | 管理能力 |

附表 3 环境状况指标相对重要性

| 指标 | 打分 | 指标 |
|---|---|---|
| 自然环境 |  | 社会环境 |
| 自然环境 |  | 内部布局 |
| 社会环境 |  | 内部布局 |

附表 4 风险特征指标相对重要性

| 指标 | 打分 | 指标 |
|---|---|---|
| 人员风险 |  | 设施风险 |
| 人员风险 |  | 物料风险 |
| 设施风险 |  | 物料风险 |

附表 5 管理能力指标相对重要性

| 指标 | 打分 | 指标 |
|---|---|---|
| 安全管理水平 |  | 信息系统建设水平 |

续表

| 指标 | 打分 | 指标 |
|---|---|---|
| 安全管理水平 | | 应急救援管理水平 |
| 信息系统建设水平 | | 应急救援管理水平 |

附表6　环境状况下"自然环境"指标相对重要性

| 指标 | 打分 | 指标 |
|---|---|---|
| 自然灾害风险 | | 生态安全风险 |
| 自然灾害风险 | | 环境质量等级 |
| 生态安全风险 | | 环境质量等级 |

附表7　环境状况下"社会环境"指标相对重要性

| 指标 | 打分 | 指标 |
|---|---|---|
| 产业政策支持力度 | | 宏观经济形势 |
| 产业政策支持力度 | | 公众风险接受程度 |
| 宏观经济形势 | | 公众风险接受程度 |

附表8　环境状况下"园区布局"指标相对重要性

| 指标 | 打分 | 指标 |
|---|---|---|
| 企业选址风险 | | 功能区划分风险 |
| 企业选址风险 | | 交通布局风险 |
| 功能区划分风险 | | 交通布局风险 |

附表9　风险特征下"人员风险"指标相对重要性

| 指标 | 打分 | 指标 |
|---|---|---|
| 安全培训合格率 | | 持证上岗率 |
| 安全培训合格率 | | 三违率 |
| 安全培训合格率 | | 人员密度 |

续表

| 指标 | 打分 | 指标 |
|---|---|---|
| 安全培训合格率 |  | 年龄结构 |
| 持证上岗率 |  | 三违率 |
| 持证上岗率 |  | 人员密度 |
| 持证上岗率 |  | 年龄结构 |
| 三违率 |  | 人员密度 |
| 三违率 |  | 年龄结构 |
| 人员密度 |  | 年龄结构 |

附表 10　风险特征下"设施风险"指标相对重要性

| 指标 | 打分 | 指标 |
|---|---|---|
| 设施暴露性水平 |  | 设施先进性 |
| 设施暴露性水平 |  | 安全防护设施 |
| 设施暴露性水平 |  | 设备管理制度 |
| 设施先进性 |  | 安全防护设施 |
| 设施先进性 |  | 设备管理制度 |
| 安全防护设施 |  | 设备管理制度 |

附表 11　风险特征下"物料风险"指标相对重要性

| 指标 | 打分 | 指标 |
|---|---|---|
| 危险物质种类 |  | 危险物质存量 |
| 危险物质种类 |  | 危险物质能量 |
| 危险物质种类 |  | 产品抽检合格率 |
| 危险物质存量 |  | 危险物质能量 |
| 危险物质存量 |  | 产品抽检合格率 |
| 危险物质能量 |  | 产品抽检合格率 |

附表 12　管理能力下"安全管理能力"指标相对重要性

| 指标 | 打分 | 指标 |
|---|---|---|
| 隐患整改率 |  | 危化品经营许可证持有率 |

续表

| 指标 | 打分 | 指标 |
|---|---|---|
| 隐患整改率 |  | 执法检查重视程度 |
| 隐患整改率 |  | 安全标准化水平 |
| 隐患整改率 |  | 污染物处理风险 |
| 危化品经营许可证持有率 |  | 执法检查重视程度 |
| 危化品经营许可证持有率 |  | 安全标准化水平 |
| 危化品经营许可证持有率 |  | 污染物处理风险 |
| 执法检查重视程度 |  | 安全标准化水平 |
| 执法检查重视程度 |  | 污染物处理风险 |
| 安全标准化水平 |  | 污染物处理风险 |

附表 13 管理能力下"信息系统建设"指标相对重要性

| 指标 | 打分 | 指标 |
|---|---|---|
| 监测信息数据化程度 |  | 重大危险源监控覆盖率 |
| 监测信息数据化程度 |  | 5G 网络建设水平 |
| 重大危险源监控覆盖率 |  | 5G 网络建设水平 |

附表 14 管理能力下"应急救援管理能力"指标相对重要性

| 指标 | 打分 | 指标 |
|---|---|---|
| 专家库资源 |  | 应急预案健全性 |
| 专家库资源 |  | 安全人员应急救援水平 |
| 专家库资源 |  | 消防应急救援能力 |
| 专家库资源 |  | 医疗应急救援能力 |
| 专家库资源 |  | 应急物资保障情况 |
| 应急预案健全性 |  | 安全人员应急救援水平 |
| 应急预案健全性 |  | 消防应急救援能力 |
| 应急预案健全性 |  | 医疗应急救援能力 |
| 应急预案健全性 |  | 应急物资保障情况 |
| 安全人员应急救援水平 |  | 消防应急救援能力 |

续表

| 指标 | 打分 | 指标 |
| --- | --- | --- |
| 安全人员应急救援水平 |  | 医疗应急救援能力 |
| 安全人员应急救援水平 |  | 应急物资保障情况 |
| 消防应急救援能力 |  | 医疗应急救援能力 |
| 消防应急救援能力 |  | 应急物资保障情况 |
| 医疗应急救援能力 |  | 应急物资保障情况 |

# 附录2 化工园区风险要素评价调查问卷

尊敬的先生/女士：

您好！首先非常感谢您参与本课题的问卷调研，请结合您的工作实际对本课题的调查表进行填写。您的信息和意见对我们非常重要，谢谢您对我们工作的支持！

此致

敬礼！

## 一、基本信息

（1）性别：

A. 男　　　　　　　　　　B. 女

（2）单位类型：

A. 化工园区安全管理部门　　B. 科研院所

C. 应急管理研究中心　　　　D. 应急管理机关单位

E. 应急管理企事业单位　　　F. 其他单位

(3) 岗位：

A. 安全评估专家　　　　　　B. 部门主管及以上

C. 普通管理人员　　　　　　D. 生产人员

E. 应急救援保障人员　　　　F. 其他

(4) 专业技术职务：

A. 高级　　　　　　　　　　B. 中级

C. 初级　　　　　　　　　　D. 其他

## 二、正文内容

(1) 定量指标调查研究情况。

附表 15 为风险严重程度评分标准表，请您针对风险等级发生概率，在附表 16 的相应区域给出风险隶属等级概率。

附表 15　评分标准

| 评估等级 | $\theta_1$ | $\theta_2$ | $\theta_3$ | $\theta_4$ | $\theta_5$ |
| --- | --- | --- | --- | --- | --- |
| 风险严重程度 | 低风险 | 较低风险 | 一般风险 | 较高风险 | 高风险 |

附表 16　风险隶属等级概率

| 序号 | 风险要素 | 风险隶属等级概率 ||||| 
| --- | --- | --- | --- | --- | --- | --- |
| | | $\theta_1$ | $\theta_2$ | $\theta_3$ | $\theta_4$ | $\theta_5$ |
| 1 | 自然灾害风险 | | | | | |
| 2 | 生态安全风险 | | | | | |
| 3 | 环境质量等级 | | | | | |
| 4 | 安全培训合格率 | | | | | |
| 5 | 持证上岗率 | | | | | |
| 6 | 三违率 | | | | | |
| 7 | 人员密度 | | | | | |
| 8 | 年龄结构 | | | | | |

续表

| 序号 | 风险要素 | 风险隶属等级概率 | | | | |
|---|---|---|---|---|---|---|
| | | $\theta_1$ | $\theta_2$ | $\theta_3$ | $\theta_4$ | $\theta_5$ |
| 9 | 危险物质种类 | | | | | |
| 10 | 危险物质存量 | | | | | |
| 11 | 危险物能量 | | | | | |
| 12 | 产品抽检合格率 | | | | | |
| 13 | 隐患整改率 | | | | | |
| 14 | 危化品经营许可证持有率 | | | | | |
| 15 | 执法检查重视程度 | | | | | |
| 16 | 安全标准化水平 | | | | | |
| 17 | 污染物处理风险 | | | | | |
| 18 | 危化企业监测信息数据化程度 | | | | | |
| 19 | 重大危险源监控覆盖率 | | | | | |
| 20 | 5G网络建设水平 | | | | | |

（2）定性指标调查研究情况。

附表17为风险严重程度隶属度评分标准表，请您针对定性指标风险严重程度隶属等级的概率按标准进行评价，在附表18的相应区域给出风险隶属等级概率。

附表17 评分标准

| 隶属度 | 0, 0.1, 0.2 | 0.2, 0.3, 0.4 | 0.4, 0.5, 0.6 | 0.6, 0.7, 0.8 | 0.8, 0.9, 1.0 |
|---|---|---|---|---|---|
| 风险严重程度 | 低风险 | 较低风险 | 一般风险 | 较高风险 | 高风险 |

附表18 风险隶属等级概率

| 序号 | 风险要素 | 风险隶属等级概率 | | | | |
|---|---|---|---|---|---|---|
| | | 0, 0.1, 0.2 | 0.2, 0.3, 0.4 | 0.4, 0.5, 0.6 | 0.6, 0.7, 0.8 | 0.8, 0.9, 1.0 |
| 1 | 产业政策支持力度 | | | | | |

续表

| 序号 | 风险要素 | 风险隶属等级概率 ||||| 
|---|---|---|---|---|---|---|
| | | 0, 0.1, 0.2 | 0.2, 0.3, 0.4 | 0.4, 0.5, 0.6 | 0.6, 0.7, 0.8 | 0.8, 0.9, 1.0 |
| 2 | 宏观经济形势 | | | | | |
| 3 | 公众风险接受程度 | | | | | |
| 4 | 企业选址 | | | | | |
| 5 | 功能区划分 | | | | | |
| 6 | 交通布局 | | | | | |
| 7 | 设施暴露性水平 | | | | | |
| 8 | 设施先进性 | | | | | |
| 9 | 安全防护设施 | | | | | |
| 10 | 设备管理制度 | | | | | |
| 11 | 专家库资源状况 | | | | | |
| 12 | 应急预案健全性 | | | | | |
| 13 | 安全人员应急救援水平 | | | | | |
| 14 | 消防应急救援能力 | | | | | |
| 15 | 医疗应急救援能力 | | | | | |
| 16 | 应急物资保障情况 | | | | | |